처음 시작하는
AI 코딩

처음 시작하는 AI 코딩

아이스크림미디어 미래교육팀 지음

i-Scream media

머리말

인터넷과 프로그램은 이제 일상이 되었습니다. 사람들은 아침에 일어나자마자 스마트폰을 켜고, 컴퓨터로 일을 합니다. 이런 상황에서 벗어날 수 있는 사람은 많지 않습니다.

그러다 보니 요즘은 컴퓨터 언어를 이해하는 일이 중요해졌습니다. 프로그래머만큼은 아니더라도 기본적인 원리 정도는 알고 가자는 것입니다. 이런 트렌드 탓인지 이미 한국에서는 2018년부터 소프트웨어 교육이 의무화됐습니다. 그런 과정에서 엔트리나 스크래치 등의 블록형 코딩 교육 프로그램이 국내 교육 현장에 적극적으로 도입되었습니다. 이를 활용한 좋은 콘텐츠도 많이 나왔습니다.

반면에 최근 엔트리에 도입된 AI와 관련된 콘텐츠의 수는 비교적 적습니다. 그러다 보니 현장에서는 이 부분을 난감해하는 선생님의 수가 많습니다. 학생들 역시 상황은 마찬가지입니다. 익숙하지 않은 지식이라 익히기 어렵습니다. 그러다 보니 이 문제를 해결할 무언가를 필요로 하는 사람들이 늘어나고 있습니다.

'처음 시작하는 AI코딩 with 엔트리&뚜루뚜루'는 이 문제를 해결하기 위해 만들어졌습니다. 그래서 코딩로봇 뚜루뚜루와 엔트리를 활용해 인공지능을 쉽게 배울 수 있도록 독자의 흥미를 불러일으킬 여러 예제를 담았습니다.

이 콘텐츠는 초등학교에서 학생들의 소프트웨어 교육을 담당하는 선생님, 스스로 인공지능을 배우고자 하는 학생에게 적합합니다. 예제를 하나 둘 실습하며 인공지능과 로봇이 어떤 방식으로 구동되는지 이해하는 건 큰 도움이 될 겁니다. 특히 머신러닝의 구현 절차와 사물인터넷의 작동 원리를 쉽게 이해할 수 있으리라 생각합니다.

책의 구성은 다음 2개의 카테고리로 이야기할 수 있습니다. 엔트리 내의 자체 AI 블록을 활용한 음성 및 이미지 인식 과정이 전반부에 해당합니다. 후반부는 데이터를 입력 후 학습시키는 머신러닝입니다. 이는 직접 얻은 자료를 학습시켜 인공지능이 판단할 근거를 만들어 준 뒤 그 결과를 실제 코딩에 활용하는 방식입니다. 각각의 내용을 확인하고 블록을 만들다 보면 블록 코딩과 인공지능 분야의 지식을 함께 익힐 수 있습니다.

콘텐츠를 만들며 이 내용이 많은 사람들에게 전해져 인공지능 교육에 조금이나마 보탬이 되었으면 하는 마음을 품었습니다. 그 마음이 조금이나마 독자분들께 전해졌으면 합니다.

② 학습준비

단원의 난이도, 준비물, 학습내용 등이 기록되어 있습니다.

① 학습내용 알아보기

이 단원에서 배워야 할 내용을 간략히
살펴볼 수 있습니다.

③ 활용영역

이 단원에서 사용할 엔트리 블록과 뚜루뚜루
로봇의 주요 활용 파트를 확인할 수 있습니다.

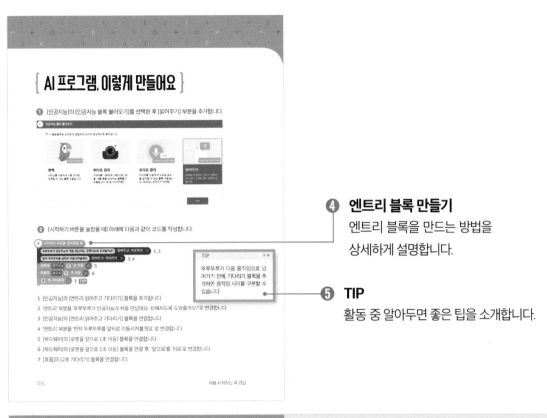

④ 엔트리 블록 만들기
엔트리 블록을 만드는 방법을
상세하게 설명합니다.

⑤ TIP
활동 중 알아두면 좋은 팁을 소개합니다.

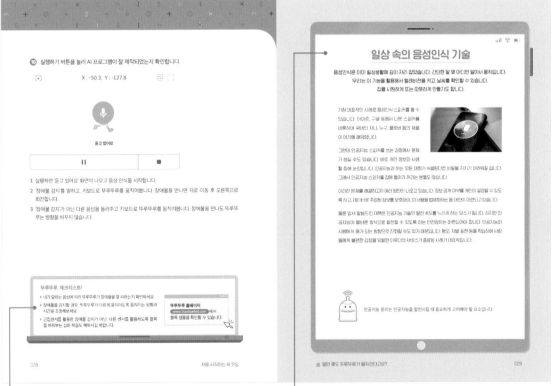

⑥ 뚜루뚜루, 체크리스트
단원을 마치고 추가로 알아두면 좋은 심화
활동이나 주의사항이 적혀있습니다.

⑦ 읽을 거리
단원과 관련된 흥미로운 내용을 더 읽을 수 있도록
자료를 제공합니다.

❶ 코딩로봇 뚜루뚜루

뚜루뚜루는 학습한 데이터를 실제로 구현하는 역할을 합니다.

❷ 웹캠

· 웹캠은 인공지능의 음성과 영상 데이터 입력 및 머신러닝을 담당합니다.

· 노트북이 있을 경우 노트북의 카메라 기능을 이용하시면 됩니다.

· 웹캠을 이용하실 경우 마이크 기능이 탑재된 모델을 이용하셔야 합니다. 본 책에 포함된 음성인식 활동에 마이크 기능이 필요하기 때문입니다.

▶ 뚜루뚜루 홈페이지에서 블록 샘플을 확인할 수 있습니다.

▶ 궁금한 내용이 있을 경우 **뚜루뚜루 홈페이지** — **뚜루TALK** 메뉴를 활용해주시길 바랍니다.

01

뚜루뚜루가 인공지능을 만났어요

엔트리의 읽어주기 블록으로 뚜루뚜루가 인공지능과 친해지도록 만들어요.

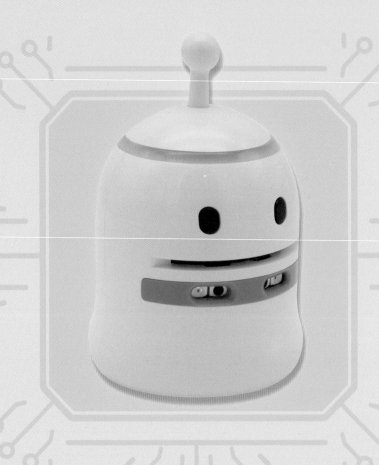

뚜루뚜루가 인공지능(AI) 기술과 함께 다양한 활동을 해보려고 해요.

본격적인 활동에 들어가기 전, 뚜루뚜루가 인공지능과 친해질 수 있는 시간을 가져볼 거예요.

- **난이도** ★☆☆
- **준비물** PC(또는 노트북),
  뚜루뚜루, USB 동글
- **학습내용** 인공지능 읽어주기 기능으로 간단하게 움직이는
  뚜루뚜루 만들기

주요 활용 블록	기능
엔트리 읽어주고 기다리기	입력한 문자값을 읽어준 후 다음 블록을 실행합니다.
로봇을 앞으로▼ 1 초 이동	입력한 시간만큼 뚜루뚜루가 앞으로 또는 뒤로 이동하도록 합니다.

뚜루뚜루 활용 파트	기능
 DC모터	뚜루뚜루 밑면 양쪽에 있는 2개의 DC모터로 회전하거나 이동하는 동작을 제어합니다.

{ AI 프로그램, 이렇게 만들어요 }

1 [인공지능]의 [인공지능 블록 불러오기]를 선택한 후 [읽어주기] 부분을 추가합니다.

2 [시작하기 버튼을 눌렀을 때] 아래에 다음과 같이 코드를 작성합니다.

> **TIP** ● ● ●
>
> 뚜루뚜루가 다음 움직임으로 넘어가기 전에, 기다리기 블록을 추가하면 움직임 사이를 구분할 수 있습니다.

1 [인공지능]의 [엔트리 읽어주고 기다리기] 블록을 추가합니다.

2 '엔트리' 부분을 '뚜루뚜루가 인공지능과 처음 만났어요. 친해지도록 도와줄까요?'로 변경합니다.

3 [인공지능]의 [엔트리 읽어주고 기다리기] 블록을 연결합니다.

4 '엔트리' 부분을 '먼저 뚜루뚜루를 앞뒤로 이동시켜볼게요.'로 변경합니다.

5 [하드웨어]의 [로봇을 앞으로 1초 이동] 블록을 연결합니다.

6 [하드웨어]의 [로봇을 앞으로 1초 이동] 블록을 연결 후, '앞으로'를 '뒤로'로 변경합니다.

7 [흐름]의 [2초 기다리기] 블록을 연결합니다.

③ 다음으로 뚜루뚜루를 오른쪽으로 회전하도록 코드를 작성합니다.

1 [인공지능]의 [엔트리 읽어주고 기다리기] 블록을 추가합니다.

2 '엔트리' 부분을 '이제 뚜루뚜루를 오른쪽으로 회전시켜볼게요.'로 변경합니다.

3 [하드웨어]의 [로봇을 오른쪽으로 1초 회전] 블록을 연결합니다.

4 [흐름]의 [2초 기다리기] 블록을 연결합니다.

④ 이번에는 왼쪽으로 회전하도록 코드를 작성합니다.

1 [인공지능]의 [엔트리 읽어주고 기다리기] 블록을 추가합니다.

2 '엔트리' 부분을 '왼쪽으로도 회전할 수 있답니다. 어떻게 움직이는지 살펴볼까요?'로 변경합니다.

3 [하드웨어]의 [로봇을 오른쪽으로 1초 회전] 블록을 연결하고, '오른쪽으로'를 '왼쪽으로'로 변경합니다.

4 [흐름]의 [2초 기다리기] 블록을 연결합니다.

5 마지막으로 뚜루뚜루의 머리색을 바꿔보는 코드를 작성합니다.

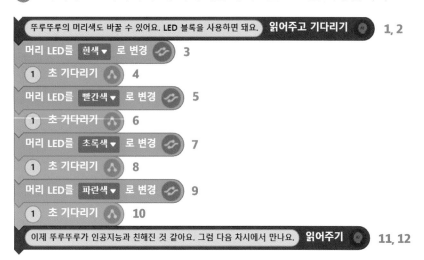

1 [인공지능]의 [엔트리 읽어주고 기다리기] 블록을 추가합니다.

2 '엔트리' 부분을 '뚜루뚜루의 머리색도 바꿀 수 있어요. LED 블록을 사용하면 돼요.'로 변경합니다.

3 [하드웨어]의 [머리 LED를 흰색으로 변경] 블록을 연결합니다.

4 [흐름]의 [2초 기다리기] 블록을 연결하고, '2'를 '1'로 변경합니다.

5 [하드웨어]의 [머리 LED를 흰색으로 변경] 블록을 연결하고, '흰색'을 '빨간색'으로 변경합니다.

6 [흐름]의 [2초 기다리기] 블록을 연결하고, '2'를 '1'로 변경합니다.

7 [하드웨어]의 [머리 LED를 흰색으로 변경] 블록을 연결하고, '흰색'을 '초록색'으로 변경합니다.

8 [흐름]의 [2초 기다리기] 블록을 연결하고, '2'를 '1'로 변경합니다.

9 [하드웨어]의 [머리 LED를 흰색으로 변경] 블록을 연결하고, '흰색'을 '파란색'으로 변경합니다.

10 [흐름]의 [2초 기다리기] 블록을 연결하고, '2'를 '1'로 변경합니다.

11 [인공지능]의 [엔트리 읽어주고 기다리기] 블록을 추가합니다.

12 '엔트리' 부분을 '이제 뚜루뚜루가 인공지능과 친해진 것 같아요. 그럼 다음 차시에서 만나요.'로 변경합니다.

처음 시작하는 AI 코딩

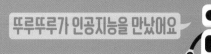

6 만든 블록을 연결하여 완성된 최종 코드는 다음과 같습니다.

시작하기 버튼을 클릭했을 때

뚜루뚜루가 인공지능과 처음 만났어요. 친해지도록 도와줄까요? 읽어주고 기다리기

먼저 뚜루뚜루를 앞뒤로 이동시켜볼게요. 읽어주고 기다리기

로봇을 앞으로▼ 1 초 이동

로봇을 뒤로▼ 1 초 이동

2 초 기다리기

이제 뚜루뚜루를 오른쪽으로 회전시켜볼게요. 읽어주고 기다리기

로봇을 오른쪽으로▼ 1 초 회전

2 초 기다리기

왼쪽으로도 회전할 수 있답니다. 어떻게 움직이는지 살펴볼까요? 읽어주고 기다리기

로봇을 왼쪽으로▼ 1 초 회전

2 초 기다리기

뚜루뚜루의 머리색도 바꿀 수 있어요. LED 블록을 사용하면 돼요. 읽어주고 기다리기

머리 LED를 흰색▼ 로 변경

1 초 기다리기

머리 LED를 빨간색▼ 로 변경

1 초 기다리기

머리 LED를 초록색▼ 로 변경

1 초 기다리기

머리 LED를 파란색▼ 로 변경

1 초 기다리기

이제 뚜루뚜루가 인공지능과 친해진 것 같아요. 그럼 다음 차시에서 만나요. 읽어주기

7 실행하기 버튼을 눌러 AI 프로그램이 잘 제작되었는지 확인합니다.

1 실행하면 입력한 문장을 엔트리 인공지능이 소리내어 읽습니다.

2 음성의 안내처럼 뚜루뚜루가 잘 이동하는지 관찰합니다.

뚜루뚜루, 체크리스트!

▸ 읽어주는 문장 내용대로 뚜루뚜루가 맞게 이동하는지 확인하세요.

▸ 로봇 블록의 시간을 변경하여 더 길게 움직이도록 할 수 있습니다.

▸ 로봇 블록 중 다른 블록을 활용하도록 코드를 변형해보시길 바랍니다.

뚜루뚜루 홈페이지
www.truetruebot.com 에서 블록 샘플을 확인할 수 있습니다.

처음 시작하는 AI 코딩

인공지능이란 무엇일까요?

인공지능은 인간의 생각이나 학습 능력을 컴퓨터 프로그램으로 실현한 기술입니다. 인공지능은 간단히 'AI'라고도 불리죠. AI는 'Artificial Intelligence'의 줄임말입니다.

인공지능(AI)이라는 용어가 처음으로 등장한 건 1956년이었습니다. 용어가 처음 등장한 후 침체기도 겪고 발전도 하면서, 정말 많은 사람들에게 인공지능이 친숙하게 다가온 사건은 2016년 알파고(AlphaGo)와 이세돌 기사의 대국입니다.

최고의 바둑 인공지능 프로그램과 바둑의 최고 인간 실력자의 대결로, 최종 결과는 알파고가 4승 1패로 이세돌에게 승리하였습니다. 당시 구글 CEO 에릭 슈밋은 누가 이기든 인류의 승리라고 하였습니다. 알파고는 인간이 만든 인공지능 기술이기 때문이죠.

우리는 일상생활에서도 수많은 인공지능 기술을 경험하고 있습니다. 금융 업무를 도와주는 '챗봇', 애플의 음성인식 정보검색 서비스인 '시리', 음성인식 인공지능 스피커 등 다양한 기술이 존재합니다. 이처럼 인공지능은 어려운 개념이 아니라 우리 일상 속에 친숙하게 이미 들어와있는 것이죠.

오늘 하루 동안 내가 생활하면서 어떤 인공지능 기술을 경험했는지 떠올려보면 좀 더 인공지능 개념에 익숙해지실 겁니다.

02

말만 해도 뚜루뚜루가 움직인다고요?

엔트리의 음성 감지 블록으로 뚜루뚜루가 장애물을 감지하도록 만들어요.

내가 말하는 대로 뚜루뚜루가 움직인다면?

엔트리 블록 뿐만 아니라 내 목소리를 이용해서 뚜루뚜루를 움직여 보세요.

친구와 대화하듯이 뚜루뚜루에게 말을 걸어 보아요.

- **난이도** ★★☆
- **준비물** PC(또는 노트북), 웹캠 (마이크 기능), 뚜루뚜루, USB 동글, 장애물
- **학습내용** 음성을 감지하여 근접센서로 장애물을 피하며 이동하는 뚜루뚜루 만들기

주요 활용 블록	기능
음성 인식하기	마이크에 입력되는 사람의 목소리를 텍스트로 변환합니다.
근접센서 왼쪽 의 값	뚜루뚜루의 전면 근접센서 데이터 값을 읽습니다.

뚜루뚜루 활용 파트	기능
전면 근접 센서 2개	뚜루뚜루의 색상 띠 부분에 있는 2개의 센서로 장애물을 감지하여 로봇의 동작을 제어합니다.

프로젝트 미리보기

인공지능	문제해결	결과확인
음성감지 시스템 설계	이동방식 설정	
장애물 인식	장애물 유무에 따른 이동 조건 설정	장애물 감지

{ AI 프로그램, 이렇게 만들어요 }

1 [인공지능]의 [인공지능 블록 불러오기]를 선택한 후 [오디오 감지]와 [읽어주기] 부분을 추가
합니다.

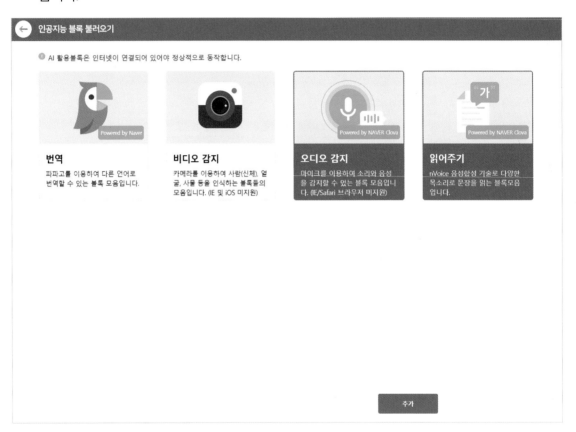

처음 시작하는 AI 코딩

2 [위쪽 화살표 키를 눌렀을 때] 블록 아래에 다음과 같이 코드를 작성합니다.

1, 2

3

1 [시작]의 [q 키를 눌렀을 때] 블록을 추가합니다.

2 'q' 부분을 '위쪽 화살표'로 변경합니다.

3 [하드웨어]의 [로봇을 앞으로 계속이동] 블록을 연결합니다.

3 [아래쪽 화살표 키를 눌렀을 때] 블록 아래에 다음과 같이 코드를 작성합니다.

1, 2

3, 4

1 [시작]의 [q 키를 눌렀을 때] 블록을 추가합니다.

2 'q' 부분을 '아래쪽 화살표'로 변경합니다.

3 [하드웨어]의 [로봇을 앞으로 계속이동] 블록을 연결합니다.

4 '앞으로' 부분을 '뒤로'로 변경합니다.

4 [오른쪽 화살표 키를 눌렀을 때] 블록 아래에 다음과 같이 코드를 작성합니다.

1 [시작]의 [q 키를 눌렀을 때] 블록을 추가합니다.

2 'q' 부분을 '오른쪽 화살표'로 변경합니다.

3 [하드웨어]의 [로봇을 오른쪽으로 계속 회전] 블록을 연결합니다.

5 [왼쪽 화살표 키를 눌렀을 때] 블록 아래에 다음과 같이 코드를 작성합니다.

1 [시작]의 [q 키를 눌렀을 때] 블록을 추가합니다.

2 'q' 부분을 '왼쪽 화살표'로 변경합니다.

3 [하드웨어]의 [로봇을 오른쪽으로 계속 회전] 블록을 연결합니다.

4 '오른쪽으로' 부분을 '왼쪽으로'로 변경합니다.

6 [스페이스 키를 눌렀을 때] 블록 아래에 다음과 같이 코드를 작성합니다.

1 [시작]의 [q 키를 눌렀을 때] 블록을 추가합니다.

2 'q' 부분을 '스페이스'로 변경합니다.

3 [하드웨어]의 [DC모터 왼쪽 속도 0로 설정] 블록을 연결합니다.

4 '왼쪽' 부분을 'All'로 변경합니다.

처음 시작하는 AI 코딩

7 [시작하기 버튼을 클릭했을 때] 블록 아래에 다음과 같이 코드를 작성합니다.

1 [인공지능] - [오디오 감지]의 [음성 인식하기]를 연결합니다.

2 [흐름]의 [만일 참이라면, 아니면] 블록을 추가합니다.

3 '참' 부분에 [판단]의 [10=10] 블록을 추가합니다.

4 [인공지능] - [오디오 감지]의 [음성을 문자로 바꾼 값] 블록을 [판단]의 [10=10] 블록 중 앞의 10 부분에 붙입니다.

5 나머지 부분의 숫자를 '장애물 감지'로 변경합니다.

6 [인공지능] - [읽어주기]의 [엔트리 읽어주기] 블록을 [만일 참이라면] 블록의 빈 부분에 붙입니다.

7 '엔트리' 부분을 '장애물 감지 기능 작동'으로 변경합니다.

8 뚜루뚜루가 장애물을 감지했을 때 이동할 수 있도록 코드를 작성합니다.

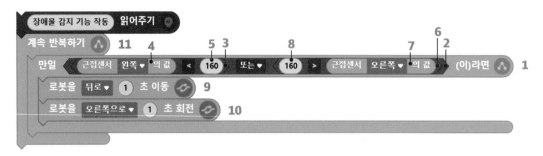

1 [흐름]의 [만일 참이라면] 블록을 추가합니다.

2 '참' 부분에 [판단]의 [참 또는 거짓] 블록을 추가합니다.

3 '참' 부분에 [판단]의 [10<10] 블록을 추가합니다.

4 [하드웨어]의 [근접센서 왼쪽의 값] 블록을 [판단]의 [10<10] 블록 중 앞의 10 부분에 붙입니다.

5 나머지 부분의 숫자를 '160'으로 변경합니다.

6 '거짓' 부분에 [판단]의 [10>10] 블록을 추가합니다.

7 [하드웨어]의 [근접센서 왼쪽의 값] 블록을 [판단]의 [10>10] 블록 중 뒤의 10 부분에 붙이고, '왼쪽' 부분을 '오른쪽'으로 변경합니다.

8 나머지 부분의 숫자를 '160'으로 변경합니다.

9 [하드웨어]의 [로봇을 앞으로 1초 이동] 블록을 [만일 참이라면] 블록의 빈 부분에 붙이고, '앞으로' 부분을 '뒤로'로 변경합니다.

10 [하드웨어]의 [로봇을 오른쪽으로 1초 회전] 블록을 아래에 추가합니다.

11 계속해서 장애물 감지 시 로봇이 이동하도록 [흐름]의 [계속 반복하기] 블록을 추가합니다.

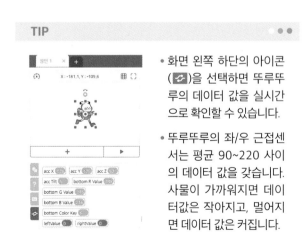

- 화면 왼쪽 하단의 아이콘 (　)을 선택하면 뚜루뚜루의 데이터 값을 실시간으로 확인할 수 있습니다.

- 뚜루뚜루의 좌/우 근접센서는 평균 90~220 사이의 데이터 값을 갖습니다. 사물이 가까워지면 데이터값은 작아지고, 멀어지면 데이터 값은 커집니다.

9 뚜루뚜루가 장애물을 감지하지 못할 경우 그냥 이동하도록 코드를 작성합니다.

```
시작하기 버튼을 클릭했을 때
음성 인식하기
만일  음성을 문자로 바꾼 값  =  장애물 감지  (이)라면
    장애물 감지 기능 작동  읽어주기
    계속 반복하기
        만일  근접센서 왼쪽 ▼ 의 값  <  160  또는 ▼  160  >  근접센서 오른쪽 ▼ 의 값  (이)라면
            로봇을  뒤로 ▼  1  초 이동
            로봇을  오른쪽으로 ▼  1  초 회전
아니면
    그냥 이동  읽어주기  1, 2
```

1 [인공지능] - [읽어주기]의 [엔트리 읽어주기] 블록을 [만일 참이 아니면] 블록의 빈 부분에 붙입니다.

2 '엔트리' 부분을 '그냥 이동'으로 변경합니다.

10 실행하기 버튼을 눌러 AI 프로그램이 잘 제작되었는지 확인합니다.

1. 실행하면 '듣고 있어요' 화면이 나오고 음성 인식을 시작합니다.

2. '장애물 감지'를 말하고, 키보드로 뚜루뚜루를 움직여봅니다. 장애물을 만나면 뒤로 이동 후 오른쪽으로 회전합니다.

3. '장애물 감지'가 아닌 다른 음성을 들려주고 키보드로 뚜루뚜루를 움직여봅니다. 장애물을 만나도 뚜루뚜루는 방향을 바꾸지 않습니다.

뚜루뚜루, 체크리스트!

▸ 내가 말하는 음성에 따라 뚜루뚜루가 장애물을 잘 피하는지 확인하세요.

▸ 장애물을 감지할 경우, 뚜루뚜루가 다르게 움직이도록 움직이는 방향과 시간을 조정해보세요.

▸ 근접센서를 활용한 장애물 감지가 아닌, 다른 센서를 활용하도록 블록을 바꿔보는 심화 학습도 해보시길 바랍니다.

뚜루뚜루 홈페이지
www.truetruebot.com 에서 블록 샘플을 확인할 수 있습니다.

일상 속의 음성인식 기술

음성인식은 이미 일상생활에 깊이 자리 잡았습니다. 간단한 말 몇 마디면 알아서 움직입니다. 우리는 이 기능을 활용해서 텔레비전을 켜고, 날씨를 확인할 수 있습니다. 집을 시원하게 또는 따뜻하게 만들기도 합니다.

가장 대표적인 사례로 음성인식 스피커를 들 수 있습니다. 아마존, 구글 등에서 나온 스피커를 비롯하여 국내의 지니, 누구, 클로버 등의 제품이 여기에 해당합니다.

그런데 인공지능 스피커를 쓰는 과정에서 문제가 생길 수도 있습니다. 바로 개인 정보와 사생활 침해 논란입니다. 인공지능과 하는 모든 대화가 녹음된다면 비밀을 지키기 어려워질 겁니다. 그래서 인공지능 스피커를 집에 들이기 꺼리는 분들도 많습니다.

이러한 문제를 해결하고자 여러 방안이 나오고 있습니다. 정보 공개 여부를 개인이 설정할 수 있도록 하고, 데이터로 추정된 정보를 보호하며, 이 내용을 법제화하는 등 대안이 마련되고 있습니다.

물론 앞서 말씀드린 대책은 인공지능 기술의 발전 속도를 느리게 하는 요소가 됩니다. 하지만 인공지능이 올바른 방식으로 발전할 수 있도록 하는 안전장치는 마련되어야 합니다. 인공지능이 사람에게 해가 되는 방향으로 진화할 수도 있기 때문입니다. 혐오, 차별 표현 등을 학습하여 사람들에게 불편한 감정을 유발한 이루다의 서비스가 종료된 사례가 대표적입니다.

 인공지능 윤리는 인공지능을 발전시킬 때 중요하게 고려해야 할 요소입니다.

뚜루뚜루와 교통안전 수칙을 배워요

뚜루뚜루가 교통안전 수칙을 따르도록 만들어요.

어린이 교통안전 수칙을 알아보겠습니다

간단한 교통안전 수칙을 아는 것만으로도 사고를 예방할 수 있어요.

엔트리 인공지능을 활용해 교통안전 수칙을 듣고 뚜루뚜루와 함께 그 수칙을 배워볼게요.

여러분의 안전, 뚜루뚜루에게 맡겨주세요.

- **난이도** ★★☆
- **준비물** PC(또는 노트북),
  웹캠(마이크 기능), 뚜루뚜루,
  USB 동글, 활동지(163p)
- **학습내용** 음성을 감지하여 교통안전 수칙을 수행하는
  뚜루뚜루 만들기

주요 활용 블록	기능
음성 인식하기	마이크에 입력되는 사람의 목소리를 텍스트로 변환합니다.
라인트레이싱 모드 켜기▼	뚜루뚜루가 선을 따라 이동할 수 있도록 합니다.

뚜루뚜루 활용 파트	기능
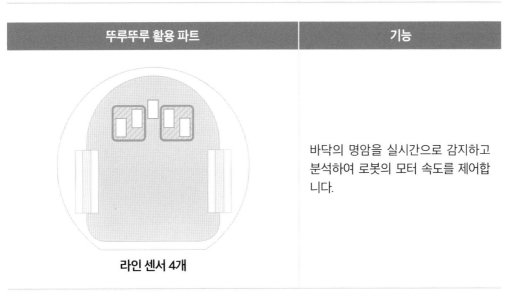라인 센서 4개	바닥의 명암을 실시간으로 감지하고 분석하여 로봇의 모터 속도를 제어합니다.

🔍 프로젝트 미리보기

인공지능	문제해결	결과확인

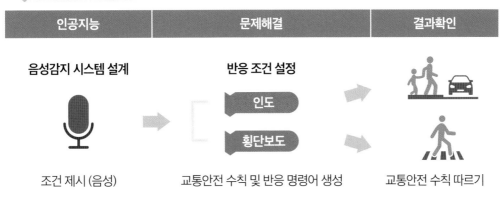

음성감지 시스템 설계	반응 조건 설정	
조건 제시 (음성)	교통안전 수칙 및 반응 명령어 생성	교통안전 수칙 따르기

{ AI 프로그램, 이렇게 만들어요 }

① [인공지능]의 [인공지능 블록 불러오기]를 선택한 후 [오디오 감지]와 [읽어주기] 부분을 추가합니다.

② [시작하기 버튼을 눌렀을 때] 아래에 다음과 같이 코드를 작성합니다.

> ▶ 시작하기 버튼을 클릭했을 때
> 어린이 교통안전 수칙을 알아보겠습니다. 인도와 횡단보도 중 하나를 말해보세요. 읽어주고 기다리기 **1, 2**
> 음성 인식하기 **3**

1 [인공지능]의 [엔트리 읽어주고 기다리기] 블록을 연결합니다.

2 '엔트리' 부분을 '어린이 교통안전 수칙을 알아보겠습니다. 인도와 횡단보도 중 하나를 말해보세요.'로 변경합니다.

3 [인공지능]의 [음성 인식하기] 블록을 연결합니다.

③ 인도에서 교통안전 수칙을 지키며 이동하는 코드를 작성합니다.

>   **3**   **4 2**
> 만일 음성을 문자로 바꾼 값 = 인도 (이)라면 **1**
> 항상 인도로 걷는 습관을 기르고 인도를 걸을 때는 천천히 걷습니다. 읽어주기 **5, 6**
> 머리 LED를 파란색 ▼ 로 변경 **7**
> 라인트레이싱 모드 켜기 ▼ **8**
> 4 초 기다리기 **9**
> 라인트레이싱 모드 끄기 ▼ **10**

1 [흐름]의 [만일 참이라면] 블록을 추가합니다.

2 [판단]의 [10 = 10] 블록을 '참' 부분에 연결합니다.

3 앞의 '10' 부분에 [인공지능]의 [음성을 문자로 바꾼 값] 블록을 연결합니다.

4 뒤의 '10'을 '인도'로 변경합니다.

5 [인공지능]의 [엔트리 읽어주기] 블록을 [만일 참이라면] 블록의 빈 부분에 붙입니다.

6 '엔트리'를 '항상 인도로 걷는 습관을 기르고 인도를 걸을 때는 천천히 걷습니다.'로 변경합니다.

7 [하드웨어]의 [머리 LED를 흰색으로 변경] 블록을 연결하고, '흰색'을 '파란색'으로 변경합니다.

8 [하드웨어]의 [라인트레이싱 모드 켜기] 블록을 연결합니다.

9 [흐름]의 [2초 기다리기] 블록을 연결하고, '2'를 '4'로 변경합니다.

10 [하드웨어]의 [라인트레이싱 모드 켜기] 블록을 연결하고, '켜기'를 '끄기'로 변경합니다.

④ 횡단보도에서 교통안전 수칙을 지키며 이동하는 코드를 작성합니다.

1 3번 블록 전체를 마우스 우클릭 - [코드 복사 & 붙여넣기] 합니다.

2 [음성을 문자로 바꾼 값 = 인도] 중 '인도'를 '횡단보도'로 변경합니다.

3 '항상 인도로 걷는 습관을 기르고 인도를 걸을 때는 천천히 걷습니다.'를 '횡단보도에서는 우측통행을 하도록 합니다.'로 변경합니다.

4 [4초 기다리기]의 '4'를 '2'로 변경합니다.

⑤ 음성이 제대로 인식되지 않을 경우의 코드를 작성합니다.

1 [흐름]의 [만일 참이라면] 블록을 추가합니다.

2 [판단]의 [참 그리고 참] 블록을 '참' 부분에 연결합니다.

3 [판단]의 [10 != 10] 블록을 2개의 '참' 부분에 연결합니다.

4 2개의 [10 != 10] 블록 모두, 앞 '10' 부분에 [인공지능]의 [음성을 문자로 바꾼 값] 블록을 연결합니다.

5 나머지 2개의 '10' 부분을 '인도'와 '횡단보도'로 변경합니다.

6 [인공지능]의 [엔트리 읽어주기] 블록을 [만일 참이라면]의 빈 부분에 붙이고, '엔트리'를 '명령어를 다시 입력해주세요'로 변경합니다.

6 만든 블록을 연결하여 완성된 최종 코드는 다음과 같습니다.

▶ 시작하기 버튼을 클릭했을 때

어린이 교통안전 수칙을 알아보겠습니다. 인도와 횡단보도 중 하나를 말해보세요. 읽어주고 기다리기

음성 인식하기

만일 〈 음성을 문자로 바꾼 값 = 인도 〉 (이)라면

　항상 인도로 걷는 습관을 기르고 인도를 걸을 때는 천천히 걷습니다. 읽어주기

　머리 LED를 파란색▼ 로 변경

　라인트레이싱 모드 켜기▼

　4 초 기다리기

　라인트레이싱 모드 끄기▼

만일 〈 음성을 문자로 바꾼 값 = 횡단보도 〉 (이)라면

　횡단보도에서는 우측통행을 하도록 합니다. 읽어주기

　머리 LED를 파란색▼ 로 변경

　라인트레이싱 모드 켜기▼

　2 초 기다리기

　라인트레이싱 모드 끄기▼

만일 〈 음성을 문자로 바꾼 값 != 인도 그리고▼ 음성을 문자로 바꾼 값 != 횡단보도 〉 (이)라면

　명령어를 다시 입력해주세요 읽어주기

7 실행하기 버튼을 눌러 AI 프로그램이 잘 제작되었는지 확인합니다.

 X L -215.8, Y : 8.5

듣고 있어요

❚❚	▬

1 실행하면 '듣고 있어요' 화면이 나오고 음성 인식을 시작합니다.

2 각 단어에 따라 활동지의 인도와 횡단보도에서 뚜루뚜루가 어떻게 반응하는지 살펴보시길 바랍니다.

뚜루뚜루, 체크리스트!

▸ 횡단보도를 건널 때 눈에 더 잘 띌 수 있도록 머리 LED를 반짝이게 해보세요.

▸ 뚜루뚜루 모터에 따라 이동 거리가 다를 수 있습니다. 라인트레이싱 이동 거리를 초로 조정할 수 있습니다.

▸ 다른 교통안전 수칙 조건을 추가하는 심화 학습도 해보시길 바랍니다.

뚜루뚜루 홈페이지
www.truetruebot.com 에서
블록 샘플을 확인할 수 있습니다.

안전하고 자유로운 인공지능 교통 체계

인공지능이 교통 분야에 적용되면 어떤 일이 생길까요?
지금과는 많은 부분이 달라질 겁니다. 보행자의 안전이 보장되고,
도로의 사고 위험성이 줄어드는 교통 시스템이 만들어질 수 있습니다.

이런 시도는 이미 국내에서도 이뤄지고 있습니다. 국토교통부는 2021년 4월 초 인공지능, 빅데이터, 사물인터넷 등을 활용한 교통 서비스를 발굴할 목적으로 혁신사업을 공모했습니다. 선정된 혁신사업은 총 3가지였습니다. IoT 지자기 센서를 활용해 횡단보도 스마트 안전시스템을 설계하고, 주행 소리를 AI로 분석하여 실시간으로 노면의 위험정보를 알리는 솔루션을 개발하며, 고정밀 통신 데이터 기술을 기반으로 한 지능형 교통 시스템을 구축하는 일 등이 그 대상입니다.

전문가들은 이런 경향이 메카(MECA) 개념에 부합하도록 진화할 것이라 예상합니다. 메카(MECA)는 모빌리티-이동성 (Mobility), 전동화 (Electrification), 연결성 (Connectivity), 자율 동작 (Autonomous)의 앞 글자를 따서 만들어진 개념입니다.

위의 내용을 통해 살펴본 메카(MECA)의 핵심은 자유로운 이동 시스템입니다. 물론 자유만큼 안전도 중요하기 때문에 앞으로 교통 관련 인공지능은 이 두 가지 조건을 충족하는 방향으로 발전될 가능성이 큽니다.

어쩌면 인공지능은 자유와 안전과 연관된 지능형 주택 시스템에까지 연결되어 범위가 확장될지도 모릅니다. 그렇게 된다면 우리의 삶은 매우 편리해지겠죠?

04

뚜루뚜루야 AI 골든벨을 울려봐

엔트리의 음성 감지 블록으로 뚜루뚜루가 골든벨을 울리도록 만들어요.

뚜루뚜루와 함께하는 퀴즈 타임~ 도전 골든벨!

뚜루뚜루가 내는 문제의 답을 맞춰보세요!

내가 말한 정답이 맞다면 뚜루뚜루가 골든벨을 향해 앞으로 움직일 거예요.

뚜루뚜루가 골든벨에 빨리 도착하도록 해볼까요?

- **난이도** ★★☆
- **준비물** PC(또는 노트북), 웹캠(마이크 기능), 뚜루뚜루, USB 동글, 활동지(165p)
- **학습내용** 음성을 감지하여 격자를 따라 앞으로 이동하는 뚜루뚜루 만들기

주요 활용 블록	기능
음성을 문자로 바꾼 값	마이크에 입력되는 사람의 목소리를 문자로 바꾼 값입니다.
뚜루뚜루를 격자 1 칸 만큼 이동	입력한 칸 만큼 뚜루뚜루가 격자를 따라 이동하도록 합니다.

뚜루뚜루 활용 파트	기능
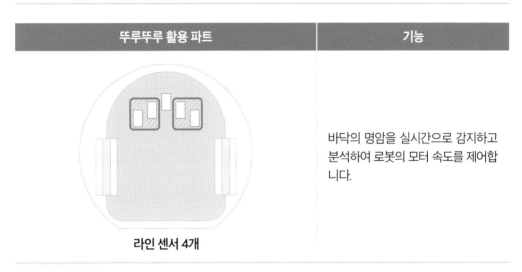 라인 센서 4개	바닥의 명암을 실시간으로 감지하고 분석하여 로봇의 모터 속도를 제어합니다.

🔍 프로젝트 미리보기

인공지능	문제해결	결과확인
음성감지 시스템 설계	뚜루뚜루 반응 조건 설정	

· 문제 제시 (음성)	정답, 오답에 따른 명령어 생성	골든벨 울리기

{ AI 프로그램, 이렇게 만들어요 }

❶ [인공지능]의 [인공지능 블록 불러오기]를 선택한 후 [오디오 감지]와 [읽어주기] 부분을 추가합니다.

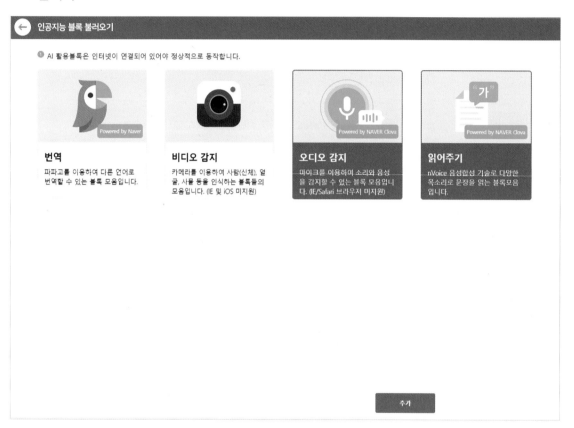

2 [시작하기 버튼을 클릭했을 때] 블록 아래에 다음과 같이 코드를 작성합니다.

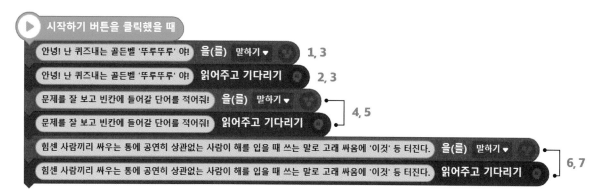

1 [생김새]의 [안녕!을 말하기] 블록을 추가합니다.

2 [인공지능]의 [엔트리 읽어주고 기다리기] 블록을 아래에 연결합니다.

3 위 1~2번 입력칸에 '안녕! 난 퀴즈내는 골든벨 '뚜루뚜루'야!'를 입력합니다.

4 위 1~2번을 반복합니다.

5 입력칸에 '문제를 잘 보고 빈칸에 들어갈 단어를 적어줘!'를 입력합니다.

6 위 1~2번을 반복합니다.

7 입력칸에 '힘센 사람끼리 싸우는 통에 공연히 상관없는 사람이 해를 입을 때 쓰는 말로 고래 싸움에 '이것' 등 터진다.'를 입력합니다.

3 작성한 코드 아래에 뚜루뚜루가 음성을 인식할 수 있도록 내용을 추가합니다.

1 [인공지능] - [오디오 감지]의 [음성 인식하기]를 연결합니다.

2 [인공지능]의 [엔트리 읽어주고 기다리기] 블록을 아래에 연결합니다.

3 '엔트리' 부분에 [인공지능]의 [음성을 문자로 바꾼 값] 블록을 추가합니다.

4 [흐름]의 [만일 참이라면, 아니면] 블록을 추가합니다.

5 '참' 부분에 [판단]의 [10=10] 블록을 추가합니다.

6 [인공지능] - [오디오 감지]의 [음성을 문자로 바꾼 값] 블록을 [판단]의 [10=10] 블록 중 앞의 10 부분에 붙입니다.

7 나머지 부분의 숫자를 '새우'로 변경합니다.

4 정답을 맞췄을 경우와 틀렸을 경우에 대한 코드를 작성합니다.

1 [생김새]의 [안녕!을 말하기] 블록과 [인공지능]의 [엔트리 읽어주기] 블록을 [만일 참이라면] 블록의 빈 부분에 붙입니다.

2 '안녕!'과 '엔트리' 부분을 '정답입니다!'로 변경합니다.

3 [하드웨어]의 [뚜루뚜루를 격자 1칸만큼 이동] 블록을 아래에 연결하고, '1' 부분을 '2'로 변경합니다.

4 [생김새]의 [안녕!을 말하기] 블록과 [인공지능]의 [엔트리 읽어주고 기다리기] 블록을 [만일 참이 아니면] 블록의 빈 부분에 붙입니다.

5 '안녕!'과 '엔트리' 부분을 '아쉽네요!'로 변경합니다.

처음 시작하는 AI 코딩

⑤ 두 번째 문제로 넘어갑니다.

> 옳지 못한 일을 저질러 놓고 엉뚱한 수작으로 속이려 한다는 말로 닭 잡아먹고 '이것' 발 내민다. 을(를) 말하기 ▼   **1, 3**
>
> 옳지 못한 일을 저질러 놓고 엉뚱한 수작으로 속이려 한다는 말로 닭 잡아먹고 '이것' 발 내민다. 읽어주고 기다리기   **2, 3**

1 [생김새]의 [안녕!을 말하기] 블록을 추가합니다.

2 [인공지능]의 [엔트리 읽어주고 기다리기] 블록을 아래에 연결합니다.

3 '안녕!'과 '엔트리' 부분을 '옳지 못한 일을 저질러 놓고 엉뚱한 수작으로 속이려 한다는 말로 닭 잡아먹고 '이것' 발 내민다.'로 변경합니다.

⑥ 작성한 코드 아래에 뚜루뚜루가 음성을 인식할 수 있도록 내용을 추가합니다.

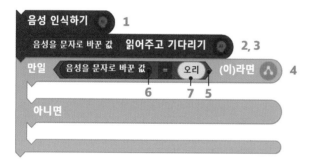

1 [인공지능] - [오디오 감지]의 [음성 인식하기]를 연결합니다.

2 [인공지능]의 [엔트리 읽어주고 기다리기] 블록을 아래에 연결합니다.

3 '엔트리' 부분에 [인공지능]의 [음성을 문자로 바꾼 값] 블록을 추가합니다.

4 [흐름]의 [만일 참이라면, 아니면] 블록을 추가합니다.

5 '참' 부분에 [판단]의 [10=10] 블록을 추가합니다.

6 [인공지능] - [오디오 감지]의 [음성을 문자로 바꾼 값] 블록을 [판단]의 [10=10] 블록 중 앞의 10 부분에 붙입니다.

7 나머지 부분의 숫자를 '오리'로 변경합니다.

7 상단 메뉴의 [소리] - [소리 추가하기]를 선택합니다.

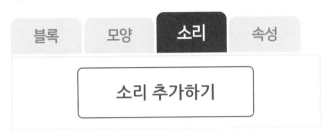

8 [사람] - [박수갈채]를 추가합니다.

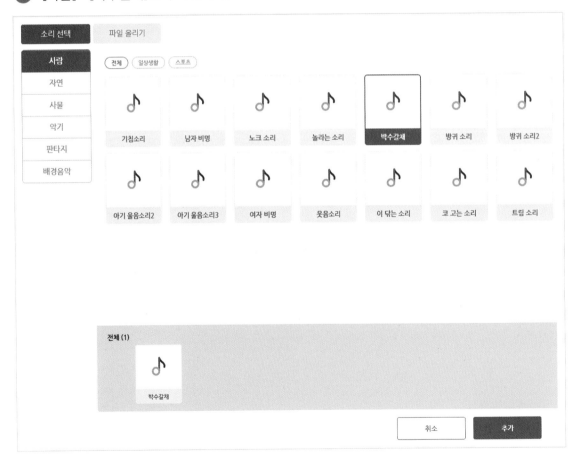

처음 시작하는 AI 코딩

9 정답을 맞췄을 경우와 틀렸을 경우에 대한 코드를 작성합니다.

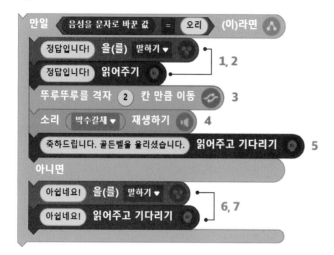

1 [생김새]의 [안녕!을 말하기] 블록과 [인공지능]의 [엔트리 읽어주기] 블록을 [만일 참이라면] 블록의 빈 부분에 붙입니다.

2 '안녕!'과 '엔트리' 부분을 '정답입니다!'로 변경합니다.

3 [하드웨어]의 [뚜루뚜루를 격자 1칸만큼 이동] 블록을 아래에 연결하고, '1' 부분을 '2'로 변경합니다.

4 [소리]의 [소리 박수갈채 재생하기] 블록을 추가합니다.

5 [인공지능]의 [엔트리 읽어주고 기다리기] 블록을 추가하고, '엔트리' 부분을 '축하드립니다. 골든벨을 울리셨습니다.'로 변경합니다.

6 [생김새]의 [안녕!을 말하기] 블록과 [인공지능]의 [엔트리 읽어주고 기다리기] 블록을 [만일 참이 아니면] 블록의 빈 부분에 붙입니다.

7 '안녕!'과 '엔트리' 부분을 '아쉽네요!'로 변경합니다.

10 실행하기 버튼을 눌러 AI 프로그램이 잘 제작되었는지 확인합니다.

1 실행하면 엔트리봇에 말풍선이 보이면서 음성 인식을 시작합니다.

2 뚜루뚜루가 골든벨을 울릴 수 있도록 정답을 음성으로 맞춰봅시다.

뚜루뚜루, 체크리스트!

▶ 내가 정답을 맞힐 경우 뚜루뚜루가 골든벨을 향해 앞으로 나아가는지
  확인하세요.

▶ 정답일 경우 뚜루뚜루가 앞으로 1칸 이동하도록 하고, 문제를 4개로 만
  들어서 게임을 더 다채롭게 진행해보세요.

▶ 정답을 틀렸을 경우에 이벤트 블록을 추가할 수도 있습니다.

뚜루뚜루 홈페이지
www.truetruebot.com 에서
블록 샘플을 확인할 수 있습니다.

인공지능과 퀴즈

인공지능 영역에서 퀴즈는 이미 익숙한 소재입니다.
2011년 2월 14일에 진행된 제퍼디 퀴즈쇼에 나온 왓슨이 대표적인 사례입니다.

퀴즈에 출전했던 왓슨은 소소한 오류가 있긴 했지만 왓슨은 해당 퀴즈쇼에서 74연승을 거두며 100만 달러의 상금을 받았습니다. 개발기업인 IBM은 이 금액을 모두 자선단체에 기부했습니다.

비슷한 사례가 한국에서도 있었습니다. 1973년부터 방영 중인 최장수 퀴즈 프로그램 '장학퀴즈'에서 생긴 일입니다. 한국전자통신연구원(ETRI)에서 개발한 인공지능 '엑소 브레인'이 2016년에 '장학퀴즈'에 등장한 겁니다. 장학퀴즈 왕중왕전 우승자, 수능 만점자, KAIST 재학생으로 알려진 연예인 대표 오현민 등이 인공지능을 이기기 위해 참석했습니다. 그러나 이들의 목표는 이뤄지지 못했습니다. 엑소 브레인은 이들을 가볍게 누르고 우승했습니다.

엑소 브레인의 핵심기술은 한국어 분석, 텍스트를 통해 지식을 축적하고 탐색하는 기술, 질문을 이해하는 자연어 질의응답의 세 가지입니다. 기본적인 학습 능력을 익힌 뒤, 금융, 특허 등의 전문 지식을 제공하는 방향으로 개발이 확장될 예정이라고 합니다.

이렇게 발전할 인공지능이 우리 삶에 어떤 영향을 미칠지 생각해 보는 건 어떨까요?

내 마음을 읽어주는 뚜루뚜루

엔트리의 얼굴 인식 블록으로 뚜루뚜루가 내 감정을 이해하도록 만들어요.

상대방이 내 마음을 알아주지 못해 안타까웠던 적이 있나요?
뚜루뚜루와 함께라면 그런 걱정을 하지 않아도 됩니다.
내 마음을 읽어주는 뚜루뚜루를 이제 만나볼까요?

- **난이도** ★☆☆
- **준비물** PC(또는 노트북),
  웹캠(카메라 기능), 뚜루뚜루,
  USB 동글
- **학습내용** 감정을 인식하여 머리 LED 색깔을 바꾸는
  뚜루뚜루 만들기

주요 활용 블록	기능
사람 ▾ 인식 시작하기 ▾	선택한 인식 모델을 동작시키거나 중지시킵니다. 사물 인식의 경우, 인식된 사물의 종류를 알 수 있습니다.
머리 LED를 흰색 ▾ 로 변경	뚜루뚜루의 머리 LED 색상을 변경할 수 있습니다. 빨간색, 초록색, 파란색, 노란색 등으로 바꿀 수 있습니다.

뚜루뚜루 활용 파트	기능
 머리LED	상단 4개의 LED는 7가지 색(빨강, 초록, 파랑, 청록, 자주, 노랑, 흰색)을 나타낼 수 있습니다.

🔍 프로젝트 미리보기

인공지능	문제해결	결과확인
표정 인식 시스템 설계	반응 조건 설정	

데이터 취합 (비디오)	표정에 따른 반응 명령어 생성	마음 읽기

{ AI 프로그램, 이렇게 만들어요 }

① [인공지능]의 [인공지능 블록 불러오기]를 선택한 후 [비디오 감지]와 [읽어주기] 부분을 추가합니다.

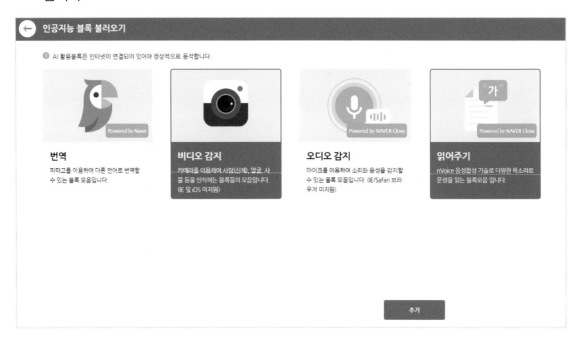

처음 시작하는 AI 코딩

② '비디오 감지 블록을 로딩 중입니다'라는 메시지가 나옵니다. 로딩이 완료될 때까지 기다립니다
(최대 1분까지 소요됩니다).

비디오 감지 블록을 로딩 중입니다.
최대 1분까지 걸릴 수 있어요.

③ '엔트리봇' 오브젝트의 위치를 (0,0)에서 (-160,5)로 변경합니다.

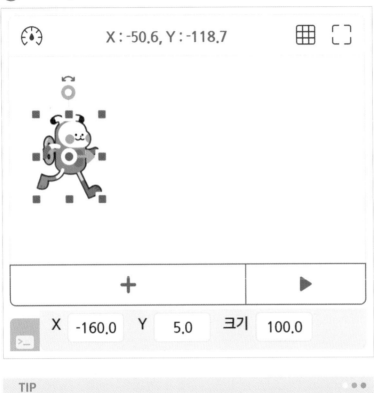

TIP

비디오 화면의 결과를 잘 확인할 수 있도록 엔트리 오브젝트를 왼쪽으로 옮겨주세요.

처음 시작하는 AI 코딩

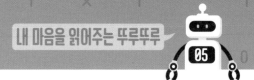

④ [시작하기 버튼을 클릭했을 때] 블록 아래에 다음과 같이 코드를 작성합니다.

```
시작하기 버튼을 클릭했을 때
비디오 화면   보이기 ▾   ◉   1
카메라를 살펴보세요!   읽어주고 기다리기   ◉   2
얼굴 ▾   인식   시작하기 ▾   ◉   3
```

1 [인공지능] - [비디오 감지]의 [비디오 화면 보이기]를 연결합니다.

2 [인공지능] - [읽어주기]의 [엔트리 읽어주고 기다리기]를 연결하고, '엔트리'를 '카메라를 살펴보세요!'로 변경합니다.

3 [인공지능] - [비디오 감지]의 [사람 인식 시작하기]를 연결하고 '사람'을 '얼굴'로 변경합니다.

⑤ 인식한 감정을 확인할 수 있도록 코드를 작성합니다.

```
계속 반복하기 ⟳   1        3
   1 ▾   번째 얼굴의   감정 ▾     을(를)   말하기   ◉  2
   1 ▾   번째 얼굴의   감정 ▾     읽어주기   ◉    4
                                 5
```

1 [흐름]의 [계속 반복하기] 블록을 추가합니다.

2 [생김새]의 [안녕!을 말하기]를 [계속 반복하기] 블록의 빈 부분에 붙입니다.

3 [인공지능]의 [1번째 얼굴의 성별]을 '안녕!' 부분에 추가하고, '성별'을 '감정'으로 변경합니다.

4 [인공지능]의 [엔트리 읽어주기] 블록을 추가합니다.

5 [인공지능] - [비디오 감지]의 [1번째 얼굴의 성별]을 '엔트리' 부분에 추가하고, '성별'을 '감정'으로 변경합니다.

6 얼굴에서 인식한 감정에 따라 뚜루뚜루의 머리 LED 색깔을 바꾸도록 코드를 추가합니다.

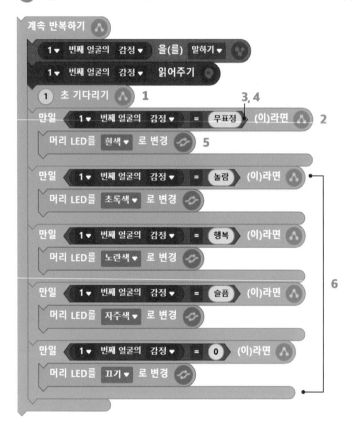

1 [흐름]의 [2초 기다리기] 블록을 추가하고 '2'를 '1'로 변경합니다.

2 [흐름]의 [만일 참이라면] 블록을 연결합니다.

3 [판단]의 [10=10] 블록을 '참' 부분에 연결합니다.

4 [인공지능]의 [1번째 얼굴의 성별] 블록을 앞의 '10' 부분에 연결하고, '성별' 부분을 '감정'으로 변경합니다.
   다른 '10' 부분을 '무표정'으로 변경합니다.

5 [하드웨어]의 [머리 LED를 흰색으로 변경] 블록을 [만일 참이라면] 블록의 빈 부분에 붙입니다.

6 같은 방식으로 다른 감정을 표현하는 블록을 추가합니다. '놀람', '행복', '슬픔', '0'을 입력하고 각각에 맞는
   색깔을 추가합니다. 여기서는 '초록색', '노란색', '자주색', '끄기'로 변경했습니다.

TIP　　　　　　　　　　　　　　　　　　　　　　　　　● ●

얼굴의 감정을 읽을 수 없을 경우 엔트리는 '0' 이라는 데이터를 출력합니다.

7 완성된 블록은 다음과 같습니다.

시작하기 버튼을 클릭했을 때

비디오 화면 보이기 ▾

카메라를 살펴보세요! 읽어주고 기다리기

얼굴 ▾ 인식 시작하기 ▾

계속 반복하기

    1 ▾ 번째 얼굴의 감정 ▾ 을(를) 말하기 ▾

    1 ▾ 번째 얼굴의 감정 ▾ 읽어주기

    1 초 기다리기

    만일 1 ▾ 번째 얼굴의 감정 ▾ = 무표정 (이)라면

      머리 LED를 흰색 ▾ 로 변경

    만일 1 ▾ 번째 얼굴의 감정 ▾ = 놀람 (이)라면

      머리 LED를 초록색 ▾ 로 변경

    만일 1 ▾ 번째 얼굴의 감정 ▾ = 행복 (이)라면

      머리 LED를 노란색 ▾ 로 변경

    만일 1 ▾ 번째 얼굴의 감정 ▾ = 슬픔 (이)라면

      머리 LED를 자주색 ▾ 로 변경

    만일 1 ▾ 번째 얼굴의 감정 ▾ = 0 (이)라면

      머리 LED를 끄기 ▾ 로 변경

8 실행하기 버튼을 눌러 AI 프로그램이 잘 제작되었는지 확인합니다.

1 실행하면 '카메라를 잘 살펴보세요'를 읽어준 뒤 얼굴 인식을 시작합니다.

2 다양한 표정을 지으며 엔트리 실행화면과 뚜루뚜루가 어떤 감정을 출력하는지 확인합니다.

뚜루뚜루, 체크리스트!

▶ 감정을 표현하기 위해 LED 색상 이외에 다른 하드웨어 블록을 활용할 수 있습니다.

▶ 내 얼굴이 아닌 다른 사람의 얼굴 이미지로도 표정 인식이 가능합니다.

▶ 블록을 실행하며 예제에 적힌 감정 이외의 단어가 나오면 블록에 추가해 보세요.

뚜루뚜루 홈페이지
www.truetruebot.com 에서 블록 샘플을 확인할 수 있습니다.

사람의 심리를 읽어주는 인공지능

사람의 심리를 읽어주는 인공지능이 정말 있을까요? 사실 그런 인공지능은 없는 것 같아 보입니다. 그러나 사람의 심리를 읽어 업무 효율을 높이는 인공지능은 이미 여러 분야에서 활용되고 있습니다. 이번 시간에는 그 내용을 같이 알아보도록 하겠습니다.

❶ 광고 고도화

어펙티바(Affectiva)는 광고 시안의 반응을 살피기 위해 인공지능 기술을 사용합니다. 87개국 700만 명의 얼굴과 38억 개의 얼굴형을 학습한 뒤 표정을 해석합니다. 어펙티바는 이렇게 얻은 데이터를 활용하여 광고 시청 중 변하는 사람들의 얼굴을 실시간으로 확인할 수 있습니다. 그 과정에서 어펙티바는 광고의 어떤 부분이 소비자에게 효과적인지를 분석하고 광고 캠페인을 개선할 수 있습니다.

❷ 얼터에고

MIT에서 개발한 웨어러블 기기인 얼터에고(AlterEgo)는 사용자가 움직이지 않아도 질문에 답변하거나 메시지를 전송하도록 할 수 있습니다. 얼터에고는 머릿속으로 아이디어를 떠올릴 때 생기는 턱의 전기 자극을 해석하는 방식으로 작동하며 상용화 단계에 있습니다. 개발이 끝나면 공장이나 비행장과 같이 소음이 많은 곳 또는 언어장애를 겪는 사람들을 대상으로 활용될 예정입니다.

이제 인공지능은 단순히 데이터를 분석하는 것에서 벗어나 일상생활에 깊이 관여하고 업무 효율을 높이는 방법으로 진화했습니다. 그러므로 인공지능에 더 깊이 관심을 가져보는 건 어떨까요?

06

마을 지킴이 뚜루뚜루

엔트리의 사물 인식 블록으로 뚜루뚜루가 마을을 지키도록 도와줘요.

우리 마을에 동물들이 나타나기 시작했어요!

동물을 무서워하는 마을 사람들을 지키기 위하여 뚜루뚜루가 지킴이로 나섭니다.

동물이 나타났을 때 뚜루뚜루가 위험 신호를 울려 마을을 지킬 거예요.

- **난이도** ★★☆
- **준비물** PC(또는 노트북),
웹캠(카메라 기능), 뚜루뚜루,
USB 동글, 활동지(167p)
- **학습내용** 사물 인식으로 조건을 부여하여 머리 LED 색상을
변경하는 뚜루뚜루 만들기

주요 활용 블록	기능
사물 중 사람 ▼ (이)가 인식되었는가?	선택한 사물이 인식될 경우 '참'으로 판단합니다.
로봇을 오른쪽으로 ▼ 계속 회전 ↻	뚜루뚜루가 오른쪽 또는 왼쪽으로 계속 회전하도록 합니다.

뚜루뚜루 활용 파트	기능
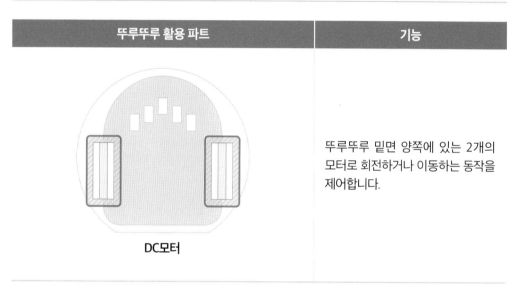 DC모터	뚜루뚜루 밑면 양쪽에 있는 2개의 모터로 회전하거나 이동하는 동작을 제어합니다.

🔍 프로젝트 미리보기

인공지능	문제해결	결과확인
비디오 감지 시스템 설계	반응 조건 설정	
문제 제시 (비디오)	위험 요소에 따른 반응 명령어 생성	마을 지킴이

{ AI 프로그램, 이렇게 만들어요 }

① [인공지능]의 [인공지능 블록 불러오기]를 선택한 후 [비디오 감지]와 [읽어주기] 부분을 추가합니다.

처음 시작하는 AI 코딩

② '비디오 감지 블록을 로딩 중입니다'라는 메시지가 나옵니다. 로딩이 완료될 때까지 기다립니다 (최대 1분까지 소요됩니다).

③ '엔트리봇' 오브젝트의 위치를 (0,0)에서 (-160,5)로 변경합니다.

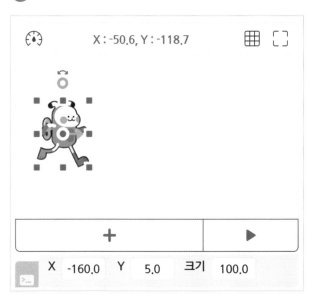

TIP

활동지 사진은 카메라 가운데 영역에서 더 잘 인식됩니다. 비디오 화면의 결과를 잘 확인할 수 있도록 엔트리 오브젝트를 왼쪽으로 옮겨주세요.

4 [시작하기 버튼을 클릭했을 때] 블록 아래에 다음과 같이 코드를 작성합니다.

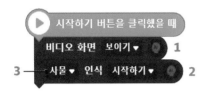

1 [인공지능] - [비디오 감지]의 [비디오 화면 보이기]를 연결합니다.

2 [인공지능]의 [사람 인식 시작하기] 블록을 아래에 연결합니다.

3 '사람' 부분을 '사물'로 변경합니다.

5 작성한 코드 아래에 [만일 참이라면, 아니면] 조건을 추가합니다.

1 [흐름]의 [만일 참이라면, 아니면] 블록을 추가합니다.

2 '참' 부분에 [판단]의 [참 그리고 참] 블록을 추가합니다.

3 [참 그리고 참]의 뒤 '참' 부분에 [참 그리고 참] 블록을 하나 더 추가합니다.

4 '그리고' 부분을 전부 '또는'으로 변경합니다.

5 세 개의 '참' 부분에 [인공지능] - [비디오 감지]의 [사물 중 사람이 인식되었는가?] 블록을 각각 추가합니다.

6 세 개의 '사람' 부분을 각각 '곰', '코끼리', 그리고 '얼룩말'로 변경합니다.

6 위험 요소가 감지되었을 때에 대한 코드를 작성합니다.

TIP

뚜루뚜루 제어 블록의 사이에 기다리기 블록을 추가하면 색상 변화를 더 잘 확인할 수 있습니다.

1 [인공지능]의 [엔트리 읽어주기] 블록과 [생김새]의 [안녕!을 4초 동안 말하기] 블록을 [만일 참이라면] 블록의 빈 부분에 붙입니다.

2 '엔트리'와 '안녕!' 부분을 '위험 요소가 감지되었습니다.'로 변경하고, '4' 부분을 '2'로 조정합니다.

3 [하드웨어]의 [로봇을 오른쪽으로 계속 회전] 블록을 아래에 연결합니다.

4 [소리]의 [소리 강아지 짖는 소리 재생하기] 블록을 추가합니다.

5 [하드웨어]의 [머리 LED를 흰색로 변경] 블록을 추가합니다.

6 [흐름]의 [2초 기다리기] 블록을 추가하고, '2' 부분을 '0.2'로 변경합니다.

7 [하드웨어]의 [머리 LED를 흰색로 변경] 블록을 추가하고, '흰색' 부분을 '빨간색'으로 변경합니다.

8 [흐름]의 [2초 기다리기] 블록을 추가하고, '2' 부분을 '0.2'로 변경합니다.

9 [하드웨어]의 [머리 LED를 흰색로 변경] 블록을 추가하고, '흰색' 부분을 '끄기'로 변경합니다.

10 [흐름]의 [2초 기다리기] 블록을 추가하고, '2' 부분을 '0.2'로 변경합니다.

11 [하드웨어]의 [머리 LED를 흰색로 변경] 블록을 추가하고, '흰색' 부분을 '빨간색'으로 변경합니다.

12 [흐름]의 [2초 기다리기] 블록을 추가하고, '2' 부분을 '0.2'로 변경합니다.

13 [흐름]의 [10번 반복하기] 블록을 3~12번 블록을 감싸도록 추가합니다.

14 '10' 부분을 '3'으로 변경합니다.

7 위험 요소가 감지되지 않았을 경우에 대한 코드를 작성합니다.

1 [인공지능]의 [엔트리 읽어주기] 블록과 [생김새]의 [안녕!을 4초 동안 말하기] 블록을 [만일 참이 아니면] 블록의 빈 부분에 붙입니다.

2 '엔트리'와 '안녕!' 부분을 '현재 주변에 위험 요소는 보이지 않습니다.'로 변경하고, '4' 부분을 '2'로 변경합니다.

3 [하드웨어]의 [DC모터 왼쪽 속도 0으로 설정] 블록을 아래에 연결하고, '왼쪽' 부분을 'All'로 변경합니다.

4 [하드웨어]의 [머리 LED를 흰색로 변경] 블록을 추가하고, '흰색' 부분을 '노란색'으로 변경합니다.

5 [흐름]의 [2초 기다리기] 블록을 추가합니다.

⑧ 계속해서 사물을 인식할 수 있도록 [흐름]의 [계속 반복하기] 블록을 불러온 뒤 만든 코드를 집어넣습니다.

▶ 시작하기 버튼을 클릭했을 때

계속 반복하기 🔁

　비디오 화면 보이기▼ 👁

　사물▼ 인식 시작하기▼ 👁

　만일 〈 사물 중 곰▼ (이)가 인식되었는가? 또는▼ 〈 사물 중 코끼리▼ (이)가 인식되었는가? 또는▼ 〈 사물 중 얼룩말▼ (이)가 인식되었는가? 〉 (이)라면 🔁

　　위험 요소가 감지되었습니다 읽어주기 👁

　　위험 요소가 감지되었습니다 을(를) 2 초 동안 말하기▼ 💬

　　3 번 반복하기 🔁

　　　로봇을 오른쪽으로▼ 계속 회전 🔄

　　　소리 강아지 짖는 소리▼ 재생하기 🔊

　　　머리 LED를 흰색▼ 로 변경 🔄

　　　0.2 초 기다리기 🔁

　　　머리 LED를 빨간색▼ 로 변경 🔄

　　　0.2 초 기다리기 🔁

　　　머리 LED를 끄기▼ 로 변경 🔄

　　　0.2 초 기다리기 🔁

　　　머리 LED를 빨간색▼ 로 변경 🔄

　　　0.2 초 기다리기 🔁

　　아니면

　　현재 주변에 위험 요소는 보이지 않습니다 읽어주기 👁

　　현재 주변에 위험 요소는 보이지 않습니다 을(를) 2 초 동안 말하기▼ 💬

　　DC모터 All▼ 속도 0 로 설정 🔄

　　머리 LED를 노란색▼ 로 변경 🔄

　　2 초 기다리기 🔁

⑨ 실행하기 버튼을 눌러 AI 프로그램이 잘 제작되었는지 확인합니다.

1 실행하면 엔트리봇에 말풍선이 보이면서 비디오 화면 인식을 시작합니다.

2 위험요소가 있을 경우와 없을 경우에 뚜루뚜루가 어떻게 반응하는지 차이점을 관찰합니다.

뚜루뚜루, 체크리스트!

▸ 위험요소가 있을 경우 뚜루뚜루가 소리와 색상을 이용해서 경고 안내를 하고 있는지 확인하세요.

▸ 뚜루뚜루 머리 LED 색상은 끄기를 포함하여 총 8가지 입니다.

▸ 위험 요소를 동물이 아닌 다른 요소로 변경해서 내 주위에 있는 사물을 비디오에 인식시켜 활동해보세요.

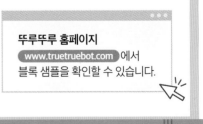

뚜루뚜루 홈페이지
www.truetruebot.com 에서
블록 샘플을 확인할 수 있습니다.

처음 시작하는 AI 코딩

동물의 감정을 구분하는 인공지능

인공지능이 동물의 감정까지 분류할 수 있을까요? 이전까지는 어렵다는 의견이 많았습니다.
그러나 최근 새로운 연구결과가 발표되어 사람들의 관심을 끌고 있습니다.
인공지능이 동물의 감정을 분류할 수 있다는 겁니다.

수레쉬 니에티라잔(Suresh Neethirajan) 박사 연구팀이 있는 네덜란드 바헤닝언 대학교에서 소와 돼지의 얼굴로 9가지 감정을 파악하는 앱을 개발했습니다. 캐나다와 미국 등의 농장에서 촬영한 수천 장의 사진을 학습했습니다. 그리고 동물의 눈과 귀 모양을 통해 감정을 분류했습니다.

예를 들면 이렇습니다. 귀가 뾰족 선 상태라면 '경계', 눈에 흰자가 많으면 '스트레스' 등으로 구분하는 겁니다. 이 과정을 통해 '기쁨', '편안' 등의 긍정적인 감정과 '좌절', '공포' 등의 부정적인 감정까지 확인할 수 있습니다.

해당 앱은 약 85%의 정확도를 보인다고 합니다. 연구진은 이렇게 파악한 감정을 동물 복지에 활용하면 효율이 높아질 것이라는 내용을 강조했습니다. 동물의 상태를 빠르게 파악하여 필요한 조치를 한다면 여러 면에서 도움이 되리라고 생각합니다.

여러분은 주변 사람의 감정을 얼굴을 보고 구분할 수 있나요? 만약 잘 하지 못한다면 얼굴 표정에 집중해보는 건 어떨까요? 그럼 더 상대방을 잘 이해할 수 있을 거예요.

07

뚜루뚜루 달리기 대회

엔트리의 움직임 감지 블록으로 뚜루뚜루가 빠르게 달릴 수 있도록 만들어요.

뚜루뚜루가 나와 일심동체였으면 좋겠다고 생각한 적이 있나요?

이제 엔트리 블록을 활용해 내 움직임에 따라 속도를 맞춰 이동하는 뚜루뚜루를 만나보세요.

어떻게 블록을 만들어야 할지 기대되지 않나요?

- **난이도** ★★★
- **준비물** PC(또는 노트북),
  웹캠 (카메라 기능), 뚜루뚜루,
  USB 동글
- **학습내용** 비디오 화면의 움직임을 감지하여 속도를 바꾸며
  이동하는 뚜루뚜루 만들기

주요 활용 블록	기능
자신 ▼ 에서 감지한 움직임 ▼ 값	선택한 오브젝트 혹은 실행화면 위에서 감지되는 움직임 혹은 방향 값입니다.
DC모터 왼쪽 ▼ 속도 0 로 설정	뚜루뚜루의 양쪽 모터 속도를 설정합니다. 0부터 100까지의 데이터를 갖습니다.

뚜루뚜루 활용 파트	기능
DC모터	뚜루뚜루 밑면 양쪽에 있는 2개의 모터로 회전하거나 이동하는 동작을 제어합니다.

🔍 프로젝트 미리보기

인공지능	문제해결	결과확인
비디오 감지 시스템 설계	반응 조건 설정	

이동에 따른 수치 데이터 변환	움직임 크기와 속도에 따른 이동 조건 설정	속도 바꾸며 달리기

{ AI 프로그램, 이렇게 만들어요 }

1 [인공지능]의 [인공지능 블록 불러오기]를 선택한 후 [비디오 감지]를 추가합니다.

처음 시작하는 AI 코딩

② '비디오 감지 블록을 로딩 중입니다'라는 메시지가 나옵니다. 로딩이 완료될 때까지 기다립니다
(최대 1분까지 소요됩니다).

③ '엔트리봇' 오브젝트의 위치를 (0,0)에서 (-160,5)로 변경합니다.

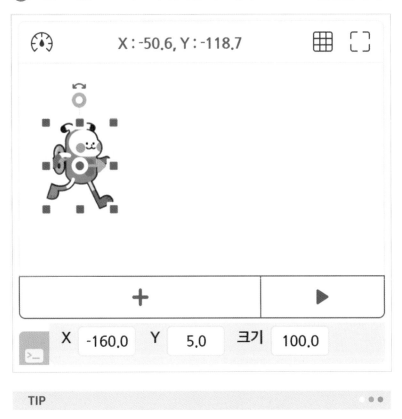

TIP

비디오 화면의 결과를 잘 확인할 수 있도록 엔트리 오브젝트를 왼쪽으로 옮겨
주세요.

④ [시작하기 버튼을 클릭했을 때] 블록 아래에 다음과 같이 코드를 작성합니다.

1 [인공지능] - [비디오 감지]의 [비디오 화면 보이기]를 연결합니다.

5 상단 메뉴의 [속성]을 선택하고 '움직임' 변수를 추가합니다.

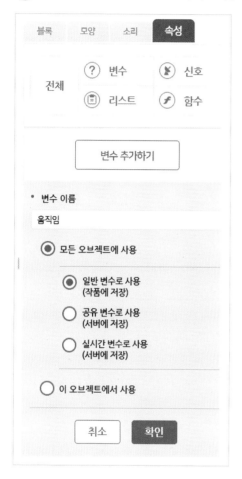

1 [변수]의 [변수 추가하기]를 선택합니다.

2 [변수 이름] 부분에 '움직임'을 입력합니다.

3 [변수 이름] 아래의 세팅은 [모든 오브젝트에 사용], [일반 변수로 사용] 항목으로 선택합니다.

6 [블록]의 [자료] 부분을 선택하여 [움직임 변수 블록]이 잘 들어갔는지 확인합니다.

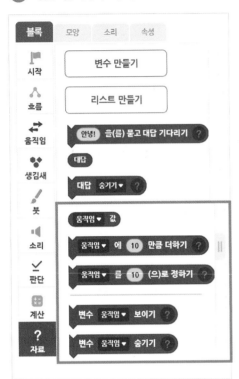

처음 시작하는 AI 코딩

7 작성한 코드 아래에 움직임을 감지할 수 있도록 코드를 작성합니다.

1 [인공지능]의 [비디오 화면 보이기]를 연결합니다.

2 [자료]의 [움직임을 10으로 정하기] 블록을 연결합니다.

3 [인공지능] - [비디오 감지]의 [자신에서 감지한 움직임 값] 블록을 '10' 부분에 붙입니다.

8 뚜루뚜루가 이동할 수 있도록 코드를 작성합니다. 내가 천천히 움직이면 뚜루뚜루를 멈추도록 하는 코드입니다.

1 [흐름]의 [만일 참이라면] 블록을 추가합니다.

2 '참' 부분에 [판단]의 [10 < 10] 블록을 추가합니다.

3 [자료]의 [움직임 값] 블록을 [판단]의 [10 < 10] 블록 중 앞의 '10' 부분에 붙입니다.

4 나머지 부분의 숫자를 '50'으로 변경합니다.

5 [하드웨어]의 [DC모터 왼쪽 속도 0으로 설정] 블록을 [만일 참이라면] 블록의 빈 부분에 붙입니다.

6 '왼쪽'을 'All'로 변경합니다.

9 내가 좀 더 빠르게 움직이면 뚜루뚜루를 앞으로 이동하도록 하는 코드입니다.

1 [흐름]의 [만일 참이라면] 블록을 추가합니다.

2 [판단]의 [참 그리고 참] 블록을 '참' 영역에 추가합니다.

3 [참 그리고 참] 블록 중 앞의 '참' 부분에 [판단]의 [10 < 10] 블록을 추가합니다.

4 [10 < 10] 블록의 앞 부분 숫자를 '50'으로 조정합니다.

5 [자료]의 [움직임 값] 블록을 '10' 부분에 붙입니다.

6 나머지 '참' 부분에 [판단]의 [10 < 10] 블록을 추가합니다.

7 [10 < 10] 블록 중 앞의 '10' 부분에 [자료]의 [움직임 값] 블록을 붙입니다.

8 나머지 '10'을 '300'으로 변경합니다.

9 [하드웨어]의 [DC모터 왼쪽 속도 0으로 설정] 블록을 [만일 참이라면] 블록의 빈 부분에 붙입니다.

10 '왼쪽'을 'All'로 변경하고, '0'을 '50'으로 변경합니다.

⑩ 나의 움직임 값이 더 커지면 뚜루뚜루의 속도를 빠르게 만드는 코드입니다.

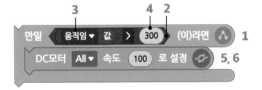

1 [흐름]의 [만일 참이라면] 블록을 추가합니다.

2 '참' 영역에 [판단]의 [10 > 10] 블록을 추가합니다.

3 [자료]의 [움직임 값] 블록을 앞의 '10' 부분에 붙입니다.

4 나머지 '10'을 '300'으로 변경합니다.

5 [하드웨어]의 [DC모터 왼쪽 속도 0으로 설정] 블록을 [만일 참이라면] 블록의 빈 부분에 붙입니다.

6 '왼쪽'을 'All'로 변경하고, '0'을 '100'으로 변경합니다.

처음 시작하는 AI 코딩

⑪ 계속해서 비디오 화면의 움직임을 인식할 수 있도록 [흐름]의 [계속 반복하기] 블록을 불러온
뒤 만든 코드를 집어넣어 다음과 같이 최종 블록을 완성합니다.

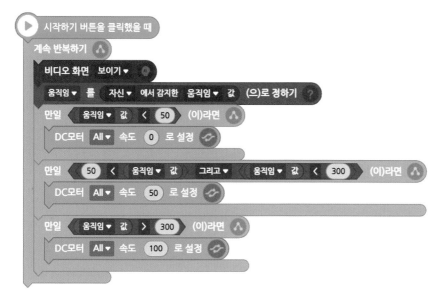

⑫ 실행하기 버튼을 눌러 AI 프로그램이 잘 제작되었는지 확인합니다. 머리를 흔들거나, 손을 움직여서 달리기 흉내를 내봅니다.

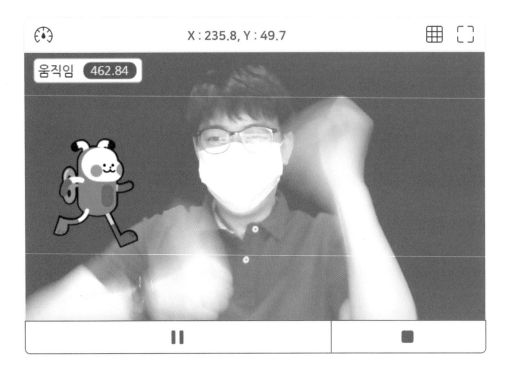

1 코드를 실행하면 화면의 움직임을 인식합니다. 빠르게 혹은 느리게 움직이며 화면 좌측 상단의 움직임 값이 어떻게 변하는지 확인합니다.

2 움직임의 크기와 속도에 따라 뚜루뚜루가 어떻게 움직이는지 관찰합니다.

뚜루뚜루, 체크리스트!

▸ 나의 움직임에 따라 바뀌는 움직임 값을 확인해주시길 바랍니다.

▸ 움직임 값을 확인하고 블록에 들어가는 숫자를 조정해보시길 바랍니다.
  그 데이터에 따라 뚜루뚜루의 속도 변경 기준이 달라집니다.

▸ 이동 속도에 따라 머리 LED 색상을 다양하게 바꾸도록 LED 색상 블록을 추가해도 좋습니다.

뚜루뚜루 홈페이지
www.truetruebot.com 에서 블록 샘플을 확인할 수 있습니다.

사람의 동작을 분석하는 인공지능

AI가 내 움직임을 인식해서 자세를 코칭 해준다면 어떤 일이 가능할까요?
최근 기술이 발전하면서 사람의 동작을 분석하고 그 결과를 제공하는 다양한 서비스가 나와
화제입니다. 세부 내역으로 어떤 것이 있는지 함께 알아보도록 하겠습니다.

❶ 홈 피트니스 코치

카메라에 보인 사람들의 움직임을 보고 자세를 교정
하는 인공지능이 지속적으로 소개되고 있습니다. LG
의 스마트 홈트, 신한생명과 아이픽셀에서 나온 하우
핏 등이 대표적입니다. 이들 서비스는 인공지능 기반
홈트레이닝 시스템입니다. 동작인식 기술을 활용해
사용자의 운동 자세를 확인하고 교정해 줍니다.

❷ 스포츠 코치

구글에서는 AI 기술을 활용하여 스포츠 부분에서의 코
칭 솔루션을 꾸준히 연구하고 있습니다. 테니스 선수의
이상적인 관절 가동범위를 파악하거나 축구선수가 슈
팅을 할 때의 힘의 전달력을 높이는 방안을 연구하는
것 등이 그 사례입니다.

이 코칭 솔루션은 다양한 카메라와 연결됩니다. 웹캠,
드론, DSLR 및 미러리스 등에서 얻은 자료는 모두 솔
루션의 분석 대상입니다. 이렇게 얻은 데이터는 스포츠 선수의 움직임을 더 정확하게 분석하고
진단하는데 도움이 됩니다.

주변을 살펴보면 의외로 AI 기술이 적용된 사례가 많습니다. 관심을 갖고 찾으며
이 기술의 원리를 추측하고 배워보는 건 어떨까요?

08

뚜루뚜루가 카드 명령어를 잊어버렸어요

머신러닝으로 뚜루뚜루가 카드 명령어를 기억하도록 도와줘요.

8차시

뚜루뚜루가 카드 명령어를 잊어버렸어요.

뚜루뚜루가 카드를 읽고 제대로 움직일 수 있도록 도와주세요.

엔트리의 인공지능 머신러닝 기능으로 더 똑똑해진 뚜루뚜루를 만나볼 수 있을거에요. 기대되지 않나요?

- **난이도** ★★★
- **준비물** PC(또는 노트북), 웹캠(카메라 기능), 뚜루뚜루, USB 동글, 활동지(169p, 171p)

- **학습내용** 머신러닝으로 익힌 카드의 종류에 따라 기능을 수행하는 뚜루뚜루 만들기

주요 활용 블록	기능
학습한 모델로 분류하기	데이터를 입력하고 학습한 모델로 인식합니다.
라인트레이싱 모드 켜기	뚜루뚜루가 선을 따라 이동할 수 있도록 합니다.

뚜루뚜루 활용 파트	기능
라인 센서 4개	바닥의 명암을 실시간으로 감지하고 분석하여 로봇의 모터 속도를 제어합니다.

🔍 프로젝트 미리보기

인공지능	문제해결	결과확인
이미지 머신러닝 시스템 설계	반응 조건 설정	
조건 제시 (이미지 OR 비디오)	카드 이미지에 따른 반응 명령어 생성	카드 명령어 수행

{ AI 프로그램, 이렇게 만들어요 }

1 [인공지능]의 [인공지능 블럭 불러오기]를 선택한 후 [읽어주기]를 추가합니다.

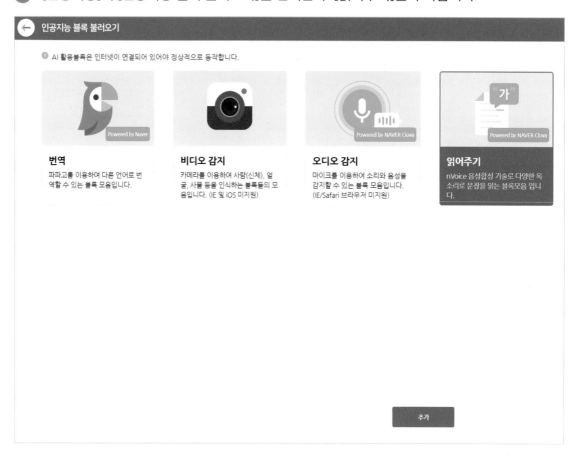

처음 시작하는 AI 코딩

② 실행화면 아래에 있는 + 버튼을 클릭합니다.

X : -15.3, Y : 130.2 ⊞ ⌐⌐

+   ▶

3 [배경] - [교실]을 추가합니다.

4 [인공지능]의 [인공지능 모델 학습하기]를 선택합니다.

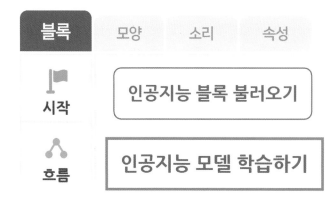

처음 시작하는 AI 코딩

5 [새로 만들기] - [분류: 이미지]를 선택 후 [학습하기]를 클릭합니다.

6 머신 러닝을 시작할 수 있도록 각 영역을 입력합니다.

1 [새로운 모델] 위치에 학습 모델의 제목을 입력합니다.

2 [클래스 추가하기] 버튼을 눌러 [클래스 3] 영역을 만듭니다.

3 학습 방법을 잘 모를 경우 우측 상단의 [튜토리얼 보기]를 클릭하여 절차를 공부합니다.

⑦ 첫번째 클래스를 클릭하고 데이터를 입력합니다. 클래스 이름은 [라인 트레이싱 카드]로 변경합니다.

1 학습자는 [촬영] 또는 [업로드]의 방법으로 데이터를 입력할 수 있습니다.

2 [촬영]을 선택하고 다양한 각도로 이미지를 인식시킵니다. 영상 아래에 있는 카메라 버튼을 누르는 것으로 이미지를 저장합니다.

3 다양한 각도와 거리로 촬영하여 엔트리에 최대한 많은 데이터를 넣을 수 있도록 합니다.

TIP ● ●

1 뚜루뚜루 홈페이지 내 활동자료 게시판에서 카드 이미지를 출력할 수 있습니다.

2 이미지 데이터 촬영 시 깨끗한 배경에서 진행해야 결과 정확도가 높아집니다.

3 관련된 이미지 파일이 있을 경우 업로드 방식으로도 데이터를 입력할 수 있습니다.

8 같은 방법으로 [격자 카드] 및 [카드 없음]에 해당하는 이미지를 학습 시킵니다.

처음 시작하는 AI 코딩

9 입력한 데이터를 이해하도록 [학습]의 [모델 학습하기]를 선택합니다.

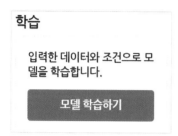

10 학습이 완료되면 결과가 제대로 나오는지 확인합니다.

1 카드를 인식시켜 원하는 결과가 잘 나오는지 확인합니다.

2 만약 결과가 제대로 나오지 않는다면 이미지 데이터를 더 입력합니다.

3 문제가 없으면 [적용하기] 버튼을 누릅니다.

⑪ 다음 사진에 보이는 + 버튼을 눌러서 장면 2개를 추가합니다.

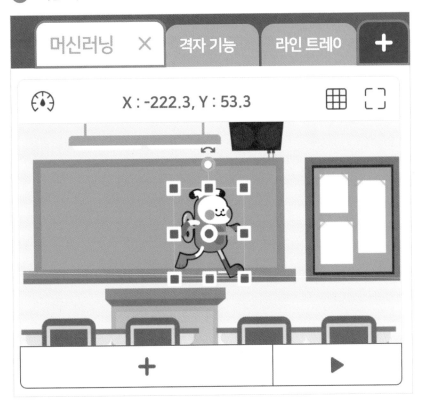

1 각 장면의 이름은 [머신러닝], [격자 기능], [라인 트레이싱 기능]으로 합니다.

2 [머신러닝] 장면으로 이동합니다.

⑫ [시작하기 버튼을 클릭했을 때] 아래에 다음과 같이 코드를 입력합니다.

> 시작하기 버튼을 클릭했을 때
> 화면에 있는 사진을 인식합니다. 읽어주고 기다리기 ○ 1, 2
> 학습한 모델로 분류하기 ○ 3

1 [인공지능]의 [엔트리 읽어주고 기다리기] 블록을 연결합니다.

2 '엔트리' 부분을 '화면에 있는 사진을 인식합니다.'로 변경합니다.

3 [인공지능]의 [학습한 모델로 분류하기] 블록을 추가합니다.

⑬ 격자 카드를 인식했을 경우의 코드를 다음과 같이 입력합니다.

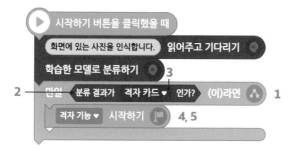

1 [흐름]의 [만일 참이라면] 블록을 추가합니다.

2 [인공지능]의 [분류 결과가 라인 트레이싱 카드인가] 블록을 '참' 부분에 붙입니다.

3 '라인 트레이싱 카드' 부분을 '격자 카드'로 변경합니다.

4 [시작]의 [머신러닝 시작하기] 블록을 [만일 참이라면] 블록의 빈 부분에 붙입니다.

5 '머신러닝' 부분을 '격자 기능'으로 변경합니다.

14 같은 방법으로 조건 2개를 더 추가합니다.

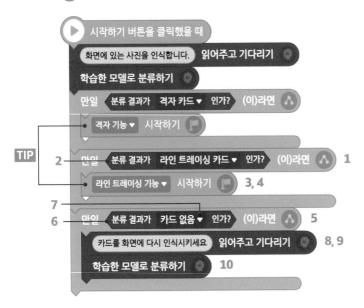

1 [흐름]의 [만일 참이라면] 블록을 추가합니다.

2 [인공지능]의 [분류 결과가 라인 트레이싱 카드인가] 블록을 '참' 부분에 붙입니다.

3 [시작]의 [머신러닝 시작하기] 블록을 [만일 참이라면] 블록의 빈 부분에 붙입니다.

4 '머신러닝' 부분을 '라인 트레이싱 기능'으로 변경합니다.

5 [흐름]의 [만일 참이라면] 블록을 아래에 연결합니다.

6 [인공지능]의 [분류 결과가 라인 트레이싱 카드인가] 블록을 '참' 부분에 붙입니다.

7 '라인 트레이싱 카드' 부분을 '카드 없음'으로 변경합니다.

8 [인공지능]의 [엔트리 읽어주고 기다리기] 블록을 [만일 참이라면] 블록의 빈 부분에 붙입니다.

9 '엔트리' 부분을 '카드를 화면에 다시 인식시키세요.'로 바꿉니다.

10 [인공지능]의 [학습한 모델로 분류하기] 블록을 추가합니다.

> **TIP** ● ●
>
> [만일 참이라면] 블록의 빈 부분에 [머신러닝 시작하기] 블록을 추
> 가하여 다른 장면으로 이동할 수 있도록 합니다.

처음 시작하는 AI 코딩

⑮ [격자 기능] 장면을 선택하고 다음과 같이 코드를 작성합니다.

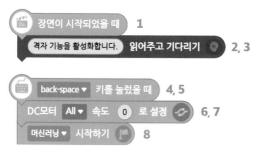

1 [시작]의 [장면이 시작되었을 때] 블록을 추가합니다.

2 [인공지능]의 [엔트리 읽어주고 기다리기] 블록을 연결합니다.

3 '엔트리' 부분을 '격자 기능을 활성화합니다.'로 변경합니다.

4 [시작]의 [q 키를 눌렀을 때] 블록을 추가합니다.

5 'q' 부분을 'back-space'로 변경합니다.

6 [하드웨어]의 [DC 모터 왼쪽 속도 0으로 설정] 블록을 연결합니다.

7 '왼쪽' 부분을 'All'로 변경합니다.

8 [시작] 메뉴의 [머신러닝 시작하기] 블록을 연결합니다.

16 뚜루뚜루가 격자에서 이동할 수 있도록 다음의 코드를 추가합니다.

1 [시작]의 [q 키를 눌렀을 때] 블록을 추가하고, 'q' 부분을 '위쪽 화살표'로 변경합니다.

2 [하드웨어]의 [뚜루뚜루를 격자 1칸 만큼 이동] 블록을 연결합니다.

3 [시작]의 [q 키를 눌렀을 때] 블록을 추가하고, 'q' 부분을 '왼쪽 화살표'로 변경합니다.

4 [하드웨어]의 [뚜루뚜루를 격자에서 오른쪽으로 1회 회전] 블록을 연결하고, '오른쪽' 부분을 '왼쪽'으로 변경합니다.

5 [시작]의 [q 키를 눌렀을 때] 블록을 추가하고, 'q' 부분을 '오른쪽 화살표'로 변경합니다.

6 [하드웨어]의 [뚜루뚜루를 격자에서 오른쪽으로 1회 회전] 블록을 연결합니다.

7 [시작]의 [q 키를 눌렀을 때] 블록을 추가하고, 'q' 부분을 '아래쪽 화살표'로 변경합니다.

8 [하드웨어]의 [뚜루뚜루를 격자에서 오른쪽으로 1회 회전] 블록을 연결하고, '1' 부분을 '2'로 변경합니다.

9 [하드웨어]의 [뚜루뚜루를 격자 1칸 만큼 이동] 블록을 연결합니다.

🕛 [라인 트레이싱 기능] 장면을 선택하고 뚜루뚜루가 라인을 따라갈 수 있도록 다음과 같이 코드를
작성합니다.

1 [시작]의 [장면이 시작되었을 때] 블록을 추가합니다.

2 [인공지능]의 [엔트리 읽어주기] 블록을 연결합니다.

3 '엔트리' 부분을 '라인 트레이싱 기능을 활성화합니다.'로 변경합니다.

4 [하드웨어]의 [라인트레이싱 모드 켜기] 블록을 연결합니다.

5 [시작]의 [q 키를 눌렀을 때] 블록을 추가합니다.

6 'q' 부분을 'back-space'로 변경합니다.

7 [하드웨어]의 [라인트레이싱 모드 켜기] 블록을 연결하고, '켜기' 부분을 '끄기'로 바꿉니다.

8 [시작] 메뉴의 [머신러닝 시작하기] 블록을 연결합니다.

18 라인 트레이싱 기능을 해제할 수 있도록 다음의 코드를 추가합니다.

1 [시작]의 [q 키를 눌렀을 때] 블록을 추가하고, 'q' 부분을 '스페이스'로 변경합니다.

2 [인공지능]의 [엔트리 읽어주기] 블록을 연결하고, '엔트리' 부분을 '라인 트레이싱 기능을 해제합니다.'로 변경합니다.

3 [하드웨어]의 [라인트레이싱 모드 켜기] 블록을 연결하고, '켜기' 부분을 '끄기'로 바꿉니다.

19 [머신러닝] 장면으로 이동합니다.

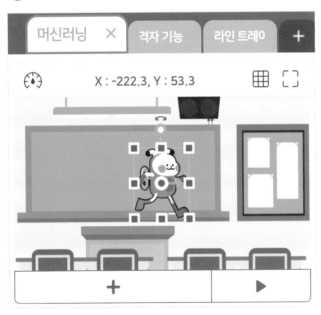

처음 시작하는 AI 코딩

20 머신러닝 장면으로 돌아왔을 때에도 사진을 인식할 수 있도록 코드를 작성합니다.

```
🎬 장면이 시작되었을 때    3
    화면에 있는 사진을 인식합니다.  읽어주고 기다리기
    학습한 모델로 분류하기
    만일  분류 결과가  격자 카드 ▼  인가?   (이)라면
        격자 기능 ▼  시작하기
    만일  분류 결과가  라인 트레이싱 카드 ▼  인가?   (이)라면
        라인 트레이싱 기능 ▼  시작하기
    만일  분류 결과가  카드 없음 ▼  인가?   (이)라면
        카드를 화면에 다시 인식시키세요  읽어주고 기다리기
        학습한 모델로 분류하기
```

1 기존에 만들어둔 블록을 마우스 우클릭 - [코드 복사 & 붙여넣기]를 합니다.

2 [시작하기 버튼을 클릭했을 때] 블록을 삭제합니다.

3 [시작]의 [장면이 시작되었을 때] 블록을 추가합니다.

㉑ 실행 버튼을 누르고 코드가 제대로 작동하는지 확인합니다.

1 [촬영]을 선택하여 원하는 카드를 비디오 화면에 보여줍니다.

2 카드 종류에 따라 뚜루뚜루가 수행하는 기능은 무엇인지 관찰합니다.

TIP　　　　　　　　　　　　　　　　　　　　　　● ● ●

컴퓨터에 카드 이미지를 저장 후 [업로드]를 선택하여 같은 활동을 할 수 있습니다.

뚜루뚜루, 체크리스트!

▶ 모든 장면에 이동할 수 있도록 작성한 조건을 전부 이용해보도록 하세요.

▶ 격자 카드, 라인 트레이싱 카드 이외에 다른 카드들도 활용해볼 수 있습니다. (LED 빛 카드, 멜로디 카드 등)

▶ 인공지능 모델을 학습할 때 사물을 다양한 각도에서 인식시켜 정확도를 높일 수 있습니다.

뚜루뚜루 홈페이지
www.truetruebot.com 에서 블록 샘플을 확인할 수 있습니다.

날로 발전하는 인공지능의 이미지 인식 능력

인공지능은 이미지를 인식하고 처리할 수 있습니다.
그중에서도 자기지도학습은 컴퓨터 비전 연구 분야에서
최근 주목받고 있는 AI 학습 모델입니다.

자기지도학습은 정제되지 않은 채 입력되는 데이터를 실시간으로 즉각 처리해 학습하는 것을 특징으로 합니다. 즉, 정제된 학습용 데이터가 없는 상태에서도 바로 사용할 수 있습니다.

세계 최대의 소셜네트워크서비스인 페이스북은 2021년 3월 SEER(SElf-supERvised)라는 이름의 자사 컴퓨터 비전 모델을 공개했습니다. 사전 라벨링이나 주석 첨부 등의 분류 작업이 되지 않은 무작위 이미지를 학습시킨 결과 최신 자기지도학습 방식의 모델을 뛰어넘는 정확도를 보였다는 설명입니다.

SEER는 10억 개의 무작위, 큐레이팅 되지 않은 인스타그램(페이스북에서 운영하고 있는 이미지 공유 중심의 미국의 소셜 미디어) 이미지에 대해 사전 학습한 후 가장 진보된 최첨단 자가 지도 시스템을 능가했습니다. 그 결과, 대규모 이미지 데이터베이스인 이미지 넷의 벤치마크상 84.2% 의 최고 정확도를 보였습니다.

 이러한 자기지도학습은 사람이 데이터를 일일이 라벨링 하는 데 드는 시간과 비용을 줄일 수 있고, 데이터 큐레이션 과정에서 인간의 편향성이 개입될 여지를 줄일 수 있는 장점이 있습니다. 앞으로 인공지능의 이미지 인식 능력이 얼마나 더 발전할지 기대가 됩니다.

뚜루뚜루와 가위바위보를 해요

뚜루뚜루가 가위바위보를 구별하여 인식하도록 만들어요.

가위바위보 게임을 좀 더 재밌게 할 수 없을까요?

뚜루뚜루가 가위바위보를 구별하여 인식하면 어떨까요?

엔트리 인공지능이 뚜루뚜루를 도와줄 거에요.

- **난이도** ★ ★ ☆
- **준비물** PC(또는 노트북), 웹캠(카메라 기능), 뚜루뚜루, USB 동글, 활동지(173p)
- **학습내용** 가위바위보 이미지를 인식해서 지정된 위치로 이동하는 뚜루뚜루 만들기

주요 활용 블록	기능
분류 결과	입력한 데이터를 모델에서 인식한 결과 값입니다. 값은 모델의 클래스 이름으로 표현됩니다.
뚜루뚜루를 격자 **1** 칸 만큼 이동	입력한 칸만큼 뚜루뚜루가 격자를 따라 이동하도록 합니다.

뚜루뚜루 활용 파트	기능
라인 센서 4개	바닥의 명암을 실시간으로 감지하고 분석하여 로봇의 모터 속도를 제어합니다.

🔍 프로젝트 미리보기

인공지능	문제해결	결과확인
이미지 머신러닝 시스템 설계	반응 조건 설정	
조건 제시 (이미지)	가위바위보 종류에 따른 이동 조건 설정	지정된 위치로 이동

{ AI 프로그램, 이렇게 만들어요 }

1 [인공지능]의 [인공지능 블록 불러오기]를 선택한 후 [읽어주기]를 추가합니다.

② [인공지능]의 [인공지능 모델 학습하기]를 클릭합니다.

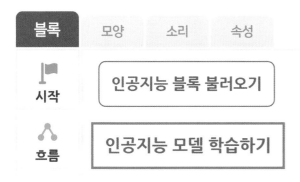

③ [새로 만들기] - [분류: 이미지]를 선택 후 [학습하기]를 클릭합니다.

④ 머신 러닝을 시작할 수 있도록 각 부분을 입력합니다.

1 [새로운 모델] 위치에 학습 모델의 제목을 입력합니다.

2 [클래스 추가하기]를 클릭하여 클래스를 3개로 늘립니다.

3 학습 방법을 잘 모를 경우 우측 상단의 튜토리얼 보기를 클릭하여 절차를 공부합니다.

5 첫번째 클래스를 클릭하고 데이터를 입력합니다. 클래스 이름은 [가위]로 변경합니다.

1 학습자는 [촬영] 또는 [업로드]의 방법으로 데이터를 입력할 수 있습니다.

2 [촬영]을 선택하고 다양한 방식으로 사진을 촬영합니다. 아래에 있는 사진기 버튼을 누르는 것으로 엔트리에 데이터를 넣을 수 있습니다.

3 엔트리에 최대한 많은 데이터를 넣을 수 있도록 합니다.

TIP ● ●

1 가위바위보 이미지 데이터 촬영 시 깨끗한 배경에서 진행해야 결과 정확도가 높아집니다.
2 가위바위보와 관련된 이미지 파일이 있을 경우 업로드 방식으로도 데이터를 입력할 수 있습니다.

6 같은 방법으로 [바위]와 [보]에 해당하는 이미지를 학습 시킵니다.

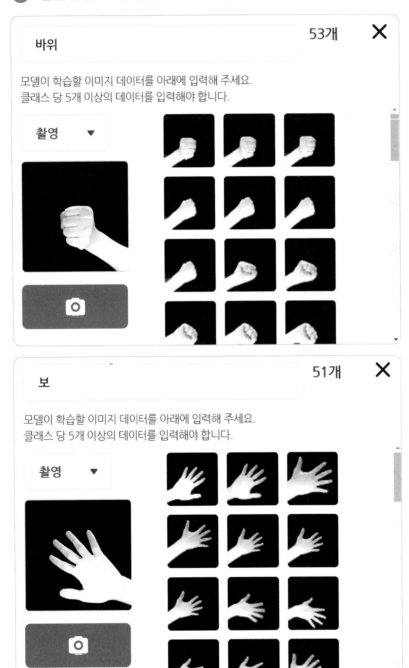

처음 시작하는 AI 코딩

7 [학습]의 [모델 학습하기]를 선택합니다.

학습

입력한 데이터와 조건으로 모델을 학습합니다.

모델 학습하기

8 학습이 완료되면 결과가 제대로 나오는지 확인합니다.

결과

학습한 모델의 결과를 확인해 보세요.

촬영 ▼

바위
0.66%

보
1.98%

가위
97.35%

1 화면을 인식시켜 원하는 결과가 잘 나오는지 확인합니다.

2 만약 결과가 제대로 나오지 않는다면 데이터를 더 입력합니다.

3 문제가 없으면 [적용하기] 버튼을 누릅니다.

9 [시작하기 버튼을 클릭했을 때] 블록 아래에 다음과 같이 코드를 작성합니다.

1 [인공지능]의 [엔트리 읽어주기] 블록을 추가합니다.

2 [생김새]의 [안녕!을 말하기] 블록을 연결합니다.

3 '엔트리'와 '안녕!' 부분을 '지금부터 가위바위보 게임을 시작하겠습니다.'로 변경합니다.

4 [인공지능]의 [학습한 모델로 분류하기] 블록을 연결합니다.

10 이어서 이미지 분류 결과를 읽어주는 코드입니다.

1 [생김새]의 [안녕!을 말하기] 블록을 연결합니다.

2 [인공지능]의 [엔트리 읽어주기] 블록을 연결합니다.

3 [계산]의 [10 + 10] 블록을 2개 불러옵니다.

4 [10 + 10] 블록 2개를 연결하여 [10 + 10 + 10]으로 만듭니다.

5 왼쪽의 '10'을 '당신이 낸 것은'으로 변경합니다.

6 가운데의 '10'에 [인공지능]의 [분류결과] 블록을 연결합니다.

7 오른쪽의 '10'을 '입니다'로 변경합니다.

8 이렇게 만든 블록을 복사합니다. 복사는 마우스 우클릭 - [코드복사 & 붙여넣기]로 합니다.

9 복사한 2개의 블록을 '안녕!'과 '엔트리' 부분에 연결합니다.

10 [흐름]의 [2초 기다리기] 블록을 아래에 연결합니다.

처음 시작하는 AI 코딩

⑪ '가위'가 나왔을 경우의 코드를 작성합니다.

1 [흐름]의 [만일 참이라면] 블록을 추가합니다.

2 [인공지능]의 [분류 결과가 가위인가] 블록을 [만일 참이라면] 블록의 '참' 부분에 연결합니다.

3 [하드웨어]의 [뚜루뚜루를 격자에서 오른쪽으로 1회 회전] 블록을 [만일 참이라면] 블록의 빈 부분에 붙이고, '1'을 '2'로 변경합니다.

4 [흐름]의 [2초 기다리기] 블록을 연결 후, '2'를 '0.5'로 변경합니다.

5 [하드웨어]의 [뚜루뚜루를 격자 1칸 만큼 이동] 블록을 연결합니다.

TIP ● ●

뚜루뚜루 제어 블록의 사이에 기다리기 블록을 추가하면 이동 정확도가
높아집니다.

⑫ 다음은 '바위'가 나왔을 때의 이동 조건을 결정하는 블록입니다.

1 [흐름]의 [만일 참이라면] 블록을 추가합니다.

2 [인공지능]의 [분류 결과가 가위인가] 블록을 [만일 참이라면] 블록의 '참' 부분에 연결합니다.

3 '가위' 부분을 '바위'로 변경합니다.

4 [하드웨어]의 [뚜루뚜루를 격자에서 오른쪽으로 1회 회전] 블록을 [만일 참이라면] 블록의 빈 부분에 붙입니다.

5 [흐름]의 [2초 기다리기] 블록을 연결 후, '2'를 '0.5'로 변경합니다.

6 [하드웨어]의 [뚜루뚜루를 격자 1칸 만큼 이동] 블록을 연결합니다.

⑬ 다음은 '보'가 나왔을 때의 이동 조건을 결정하는 블록입니다.

1 [흐름]의 [만일 참이라면] 블록을 추가합니다.

2 [인공지능]의 [분류 결과가 가위인가] 블록을 [만일 참이라면] 블록의 '참' 부분에 연결합니다.

3 '가위' 부분을 '보'로 변경합니다.

4 [하드웨어]의 [뚜루뚜루를 격자에서 오른쪽으로 1회 회전] 블록을 [만일 참이라면] 블록의 빈 부분에 붙이고, '오른쪽으로'를 '왼쪽으로'로 변경합니다.

5 [흐름]의 [2초 기다리기] 블록을 연결 후, '2'를 '0.5'로 변경합니다.

6 [하드웨어]의 [뚜루뚜루를 격자 1칸 만큼 이동] 블록을 연결합니다.

처음 시작하는 AI 코딩

⑭ 위에서 만든 코드를 다음과 같이 연결하여 블록을 완성합니다.

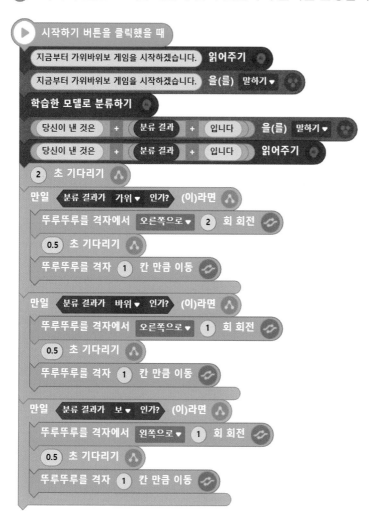

15 작성한 코드를 실행하여 제대로 작동하는지 확인합니다.

데이터 입력 ✕

촬영 ▼ 📷

적용하기

■ 작품 정지하기 ‖ 작품 일시정지

1 실행하면 [촬영] 또는 [업로드]를 사용해 데이터를 입력합니다.

2 인식한 가위바위보 결과값에 따라 활동지의 지정된 위치로 뚜루뚜루가 이동하는지 확인합니다.

뚜루뚜루, 체크리스트!

▸ 이동할 수 있는 최단 거리가 아닌 다른 길도 찾아보세요.

▸ 나만의 활동지를 만들어보세요. 룰렛판을 3분할(가위, 바위, 보)하고, 뚜루뚜루의 회전 블록을 사용해보세요.

▸ 이번 차시에서 뚜루뚜루는 인식한 가위바위보의 결과와 동일하게 반응합니다. 블록을 수정하여 나와 대결하는 뚜루뚜루를 만들어보세요.

뚜루뚜루 홈페이지

www.truetruebot.com 에서 블록 샘플을 확인할 수 있습니다.

처음 시작하는 AI 코딩

인공지능이 관상을 봐준다면?

언어, 걸음걸이, 몸의 형태 등을 보고 운명을 판단해
그 사람의 미래에 닥쳐올 흉사를 예방하고 복을 부르는 '관상학'을 아시나요?
이러한 관상학을 떠올리는 신개념 인공지능이 등장해 화제입니다.

러시아 고등경제대학(HSE)과 개방 인문 경제대학의 공동연구팀은 셀피(자기 모습을 스스로 찍은 사진)를 이용해 성격을 판단할 수 있는 AI 시스템을 개발, 국제 학술지 '사이언티픽 리포트'에 게재했다고 전했습니다.

이들은 감정 표현이 나타난 사진을 제외한 나머지 셀카를 이용, 이미지 분류 신경망이 각각의 이미지를 128개의 특징으로 분류하도록 AI를 훈련시키고 이미지를 보고 성격 특성을 예측할 수 있는 다층 인공인지체를 투입한 것으로 알려졌습니다.

연구진은 58%의 확률로 무작위로 선택한 두 개인의 상대적 성격을 꽤 정확하게 추측할 수 있다고 밝혔습니다. 인공지능은 피실험자들이 온라인에 업로드한 셀카를 바탕으로 양심, 과대망상, 상냥함, 개방성 등에 관해 판단을 내릴 수 있었다고 합니다.

이와 유사한 사례로 실제 많은 기업에서 AI를 통한 영상 면접을 진행하고 있습니다. AI 면접관이 표정이나 목소리, 제스처, 시선 처리 등을 파악하는 멀티 모달 감정 인식 기술을 이용해 지원자의 소신이나 자신감 등을 체크합니다. 또한 AI는 면접자의 답변 내용을 토대로 상황에 맞는 질문을 던지며 면접자의 대처 능력이나 진실성을 파악할 수 있다고 합니다.

10

뚜루뚜루가 동물을 구분한다고?

동물 이미지를 인식하고 이동하는 뚜루뚜루를 만들어요.

우리의 뚜루뚜루가 더 똑똑해졌어요.

동물을 정확하게 구분하고 그 동물이 있어야 할 곳으로 데려다 줄 수 있다고 하는데요.

어떻게 하면 이 목표를 달성할 수 있을지 함께 알아보도록 해요.

- **난이도** ★★☆
- **준비물** PC(또는 노트북), 웹캠(카메라 기능), 뚜루뚜루, USB 동글, 활동지(175p)
- **학습내용** 동물을 인식하여 지정된 장소로 데려다주는 뚜루뚜루 만들기

주요 활용 블록	기능
분류 결과가 물고기 ▼ 인가?	입력한 데이터의 인식 결과가 선택한 클래스인 경우 '참'으로 판단합니다.
뚜루뚜루를 격자 ① 칸 만큼 이동	입력한 칸 만큼 뚜루뚜루가 격자를 따라 이동하도록 합니다.

뚜루뚜루 로봇 이용 센서	기능
라인 센서 4개	바닥의 명암을 실시간으로 감지하고 분석하여 로봇의 모터 속도를 제어합니다.

🔍 프로젝트 미리보기

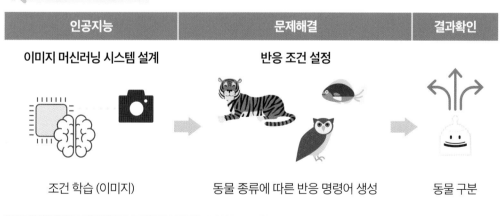

인공지능	문제해결	결과확인
이미지 머신러닝 시스템 설계	반응 조건 설정	
조건 학습 (이미지)	동물 종류에 따른 반응 명령어 생성	동물 구분

{ AI 프로그램, 이렇게 만들어요 }

1 [인공지능]의 [인공지능 블록 불러오기]를 선택한 후 [읽어주기]를 추가합니다.

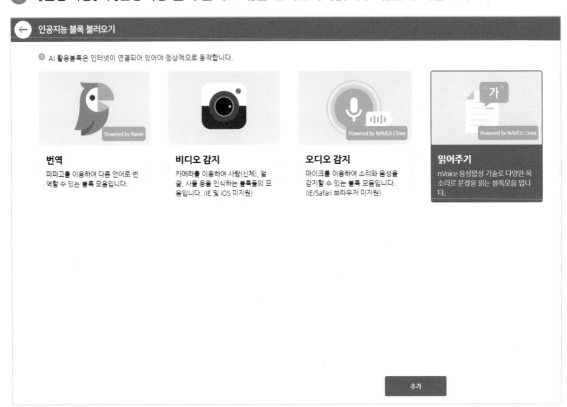

② [인공지능]의 [인공지능 모델 학습하기]를 클릭합니다.

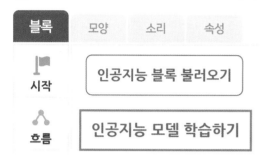

③ [새로 만들기] - [분류: 이미지]를 선택 후 [학습하기]를 클릭합니다.

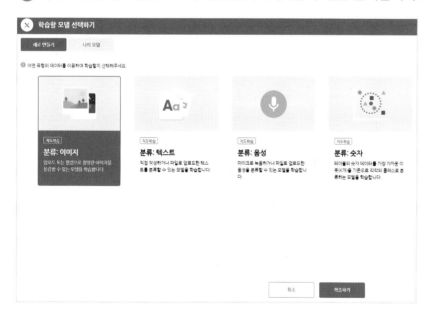

④ 머신 러닝을 시작할 수 있도록 각 부분을 입력합니다.

1 [새로운 모델] 위치에 학습 모델의 제목을 입력합니다.

2 [클래스 추가하기] 버튼을 눌러 [클래스 3] 영역을 만듭니다.

3 학습 방법을 잘 모를 경우 우측 상단의 튜토리얼 보기를 클릭하여 절차를 공부합니다.

처음 시작하는 AI 코딩

5 첫번째 클래스를 클릭하고 데이터를 입력합니다. 클래스 이름은 [물고기]로 변경합니다.

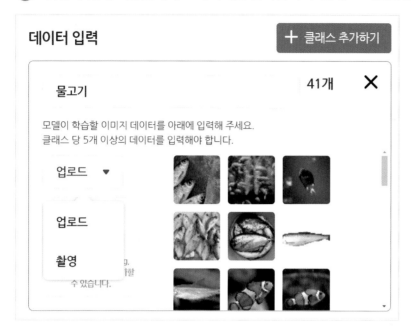

1 학습자는 [촬영] 또는 [업로드]의 방법으로 데이터를 입력할 수 있습니다.

2 [업로드]를 선택하고 다양한 사진을 추가합니다.

3 엔트리에 최대한 많은 데이터를 넣을 수 있도록 합니다.

TIP ● ● ●

업로드에 사용될 무료 이미지는 Pixabay, unsplash, pexels 등에서 다운로드 받을
수 있습니다.

6 같은 방법으로 [호랑이]와 [새]에 해당하는 이미지를 입력합니다.

처음 시작하는 AI 코딩

7 [학습]의 [모델 학습하기]를 선택합니다.

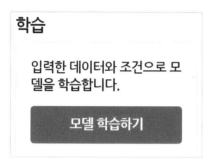

학습

입력한 데이터와 조건으로 모델을 학습합니다.

모델 학습하기

8 학습이 완료되면 결과가 제대로 나오는지 확인합니다.

결과

학습한 모델의 결과를 확인해 보세요.

업로드 ▼

물고기
0.06%

호랑이
99.91%

새
0.02%

1 사진을 인식시켜 원하는 결과가 잘 나오는지 확인합니다.

2 만약 결과가 제대로 나오지 않는다면 데이터를 더 입력합니다.

3 문제가 없으면 [적용하기] 버튼을 누릅니다.

9 [시작하기 버튼을 클릭했을 때] 아래에 다음과 같이 코드를 작성합니다.

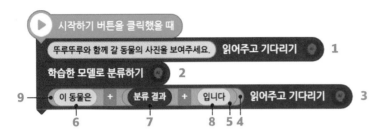

1 [인공지능]의 [엔트리 읽어주고 기다리기] 블록을 연결 후, '엔트리'를 '뚜루뚜루와 함께 갈 동물의 사진을 보여주세요.'로 변경합니다.

2 [인공지능]의 [학습한 모델로 분류하기] 블록을 연결합니다.

3 [인공지능]의 [엔트리 읽어주고 기다리기] 블록을 연결합니다.

4 [계산]의 [10 + 10] 블록을 2개 불러옵니다.

5 [10 + 10] 블록 2개를 연결하여 [10 + 10 + 10]으로 만듭니다.

6 왼쪽의 '10'을 '이 동물은'으로 변경합니다.

7 가운데의 '10' 부분에 [인공지능]의 [분류결과] 블록을 연결합니다.

8 오른쪽의 '10'을 '입니다'로 변경합니다.

9 이렇게 만든 블록을 '엔트리' 부분에 연결합니다.

10 분류 결과가 물고기일 경우에 뚜루뚜루가 수족관으로 이동하도록 코드를 작성합니다.

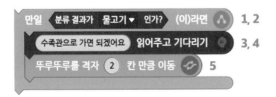

1 [흐름]의 [만일 참이라면] 블록을 추가합니다.

2 [인공지능]의 [분류 결과가 물고기인가?] 블록을 '참' 부분에 연결합니다.

3 [인공지능]의 [엔트리 읽어주고 기다리기]를 [만일 참이라면] 블록의 빈 부분에 붙입니다.

4 '엔트리' 부분을 '수족관으로 가면 되겠어요'로 변경합니다.

5 [하드웨어]의 [뚜루뚜루를 격자 1칸 만큼 이동] 블록을 연결하고 '1'을 '2'로 변경합니다.

처음 시작하는 AI 코딩

⑪ 분류 결과가 호랑이일 경우에 뚜루뚜루가 동물원으로 이동하도록 코드를 작성합니다.

```
만일  분류 결과가  호랑이 ▼  인가?  (이)라면        1
  동물원으로 가야겠어요  읽어주고 기다리기        4, 5
  뚜루뚜루를 격자  1  칸 만큼 이동        6
  뚜루뚜루를 격자에서  왼쪽으로 ▼  1  회 회전        7, 8
  뚜루뚜루를 격자  1  칸 만큼 이동        9
  뚜루뚜루를 격자에서  오른쪽으로 ▼  1  회 회전        10
  뚜루뚜루를 격자  1  칸 만큼 이동        11
```

1 [흐름]의 [만일 참이라면] 블록을 추가합니다.

2 [인공지능]의 [분류결과가 물고기인가] 블록을 '참' 부분에 연결합니다.

3 '물고기'를 '호랑이'로 변경합니다.

4 [인공지능]의 [엔트리 읽어주고 기다리기]를 [만일 참이라면] 블록의 빈 부분에 붙입니다.

5 '엔트리' 부분을 '동물원으로 가야겠어요'로 바꿉니다.

6 [하드웨어]의 [뚜루뚜루를 격자 1칸 만큼 이동] 블록을 연결합니다.

7 [하드웨어]의 [뚜루뚜루를 격자에서 오른쪽으로 1회 회전] 블록을 연결합니다.

8 '오른쪽'을 '왼쪽'으로 변경합니다.

9 [하드웨어]의 [뚜루뚜루를 격자 1칸 만큼 이동] 블록을 연결합니다.

10 [하드웨어]의 [뚜루뚜루를 격자에서 오른쪽으로 1회 회전] 블록을 연결합니다.

11 [하드웨어]의 [뚜루뚜루를 격자 1칸 만큼 이동] 블록을 연결합니다.

⑫ 분류 결과가 새일 경우에 뚜루뚜루가 새공원으로 이동하도록 코드를 작성합니다.

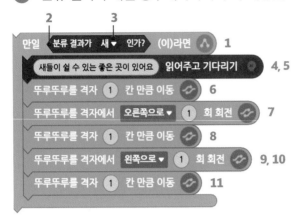

1 [흐름]의 [만일 참이라면] 블록을 추가합니다.

2 [인공지능]의 [분류결과가 물고기인가] 블록을 '참' 부분에 연결합니다.

3 '물고기' 부분을 '새'로 변경합니다.

4 [인공지능]의 [엔트리 읽어주고 기다리기]를 [만일 참이라면] 블록의 빈 부분에 붙입니다.

5 '엔트리' 부분을 '새들이 쉴 수 있는 좋은 곳이 있어요'로 변경합니다.

6 [하드웨어]의 [뚜루뚜루를 격자 1칸 만큼 이동] 블록을 연결합니다.

7 [하드웨어]의 [뚜루뚜루를 격자에서 오른쪽으로 1회 회전] 블록을 연결합니다.

8 [하드웨어]의 [뚜루뚜루를 격자 1칸 만큼 이동] 블록을 연결합니다.

9 [하드웨어]의 [뚜루뚜루를 격자에서 오른쪽으로 1회 회전] 블록을 연결합니다.

10 '오른쪽'을 '왼쪽'으로 변경합니다.

11 [하드웨어]의 [뚜루뚜루를 격자 1칸 만큼 이동] 블록을 연결합니다.

처음 시작하는 AI 코딩

13 완성된 블록은 다음과 같습니다.

14 실행하기 버튼을 눌러 AI 프로그램이 잘 제작되었는지 확인합니다.

1 업로드를 선택하여 동물의 사진을 입력합니다.

2 인공지능이 판단한 결과에 따라 다른 장소로 이동하는 뚜루뚜루를 확인합니다.

뚜루뚜루, 체크리스트!

▶ 반려동물을 키우고 있다면 그 사진으로도 머신러닝을 시도해보시길 바랍니다.

▶ 동물 이외에 내가 관심있는 주제로 변경하여 활동해보세요.

▶ 데이터 입력 시, 업로드 대신 촬영으로도 입력해보세요.

뚜루뚜루 홈페이지

www.truetruebot.com 에서
블록 샘플을 확인할 수 있습니다.

동물을 살리는 인공지능

인공지능은 동물과 밀접한 관련이 있습니다. 동물의 생명을 보호하는 방향으로
인공지능이 개발되고 있기 때문인데요. 이번 시간에는 그 사례를 한 번 살펴보도록 하겠습니다.

❶ 반려견 건강관리 앱, 똑똑케어

사진만 찍으면 동물의 건강 상태를 알려주는
앱이 출시되어 화제입니다. 똑똑케어가 그 주
인공입니다. 반려견의 눈 사진을 찍으면 질병
여부를 알려주는 시스템으로 90%의 정확도
를 자랑합니다. 건국대 수의대와 연결된 라벨
링 리소스를 활용하여 수십만 장의 사진을 학
습시켜 정확도를 높였습니다.

❷ 동물실험을 대체하는 인공지능

토머스 하퉁(Thomas Hartung) 교수 연구팀이 소속된 미국의 존스홉킨스대학 동물대체시험연구
센터(Center for Alternatives to Animal Testing)는 2021년 7월 11일 국제 학술지를 통해 동물 실험
없이 알려지지 않은 화학물질의 독성을 예측하는 인공지능 기법과 알고리즘의 효과를 발표했습
니다.

연구진은 학술지에서 주장한 알고리즘을 활용해 독성 예측을 진행했습니다. 그 결과 컴퓨터에서
는 87%의 정확도를, 동물 실험에서는 81%의 정확도를 보였습니다. 이러한 결과는 동물실험의 윤
리적인 측면을 해결할 수 있는 좋은 방법이 될 수 있습니다.

주변에서 흔히 볼 수 있는 동물에게도 인공지능 기술이 적용될 수 있다는 점이 신
기하지 않나요? 이처럼 인공지능은 우리의 삶에 깊이 들어와있습니다.

11

뚜루뚜루는 누구의 말을 들을까요?

음성인식으로 내 목소리에만 반응하는 뚜루뚜루를 만들어요.

귀여운 뚜루뚜루가 사람의 목소리를 구별할 수 있을까요?

엔트리의 인공지능 기능을 활용하면 가능합니다.

머신러닝으로 내 목소리만 인식하는 뚜루뚜루를 만들어보기로 해요!

- **난이도** ★★★
- **준비물** PC(또는 노트북), 웹캠(마이크 기능), 뚜루뚜루, USB 동글
- **학습내용** 머신러닝으로 익힌 음성의 종류에 따라 다르게 반응하는 뚜루뚜루 만들기

주요 활용 블록	기능
학습한 모델로 분류하기	데이터를 입력하고 학습한 모델로 인식합니다.
머리 LED를 흰색▼ 로 변경	뚜루뚜루의 머리 LED 색상을 변경할 수 있습니다. 빨간색, 초록색, 파란색, 노란색 등으로 바꿀 수 있습니다.

뚜루뚜루 활용 파트	기능
머리LED	상단 4개의 LED는 7가지 색(빨강, 초록, 파랑, 청록, 자주, 노랑, 흰색)을 나타낼 수 있습니다.

🔍 프로젝트 미리보기

인공지능	문제해결	결과확인
음성 머신러닝 시스템 설계	반응 조건 설정	
조건 제시 (오디오)	음성에 따른 반응 명령어 생성	특정 목소리 반응

{ AI 프로그램, 이렇게 만들어요 }

1 [인공지능]의 [인공지능 블록 불러오기]를 선택한 후 [읽어주기]를 추가합니다.

② [인공지능] 메뉴를 선택하고 나오는 메뉴 중 [인공지능 모델 학습하기]를 클릭합니다.

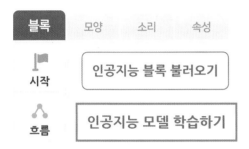

③ [새로 만들기] - [분류: 음성]을 선택 후 [학습하기]를 클릭합니다.

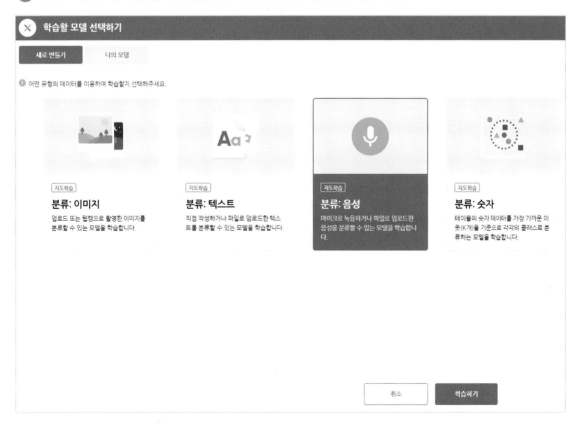

④ 머신 러닝을 시작할 수 있도록 각 부분을 입력합니다.

1 [새로운 모델] 위치에 학습 모델의 제목을 입력합니다.

2 학습 방법을 잘 모를 경우 우측 상단의 튜토리얼 보기를 클릭하여 절차를 공부합니다.

TIP

데이터 입력은 3초를 기본값으로 합니다. 길이를 변경하고 싶을 경우 숫자를 바꿔주시길 바랍니다.

⑤ 첫번째 클래스를 클릭하고 데이터를 입력합니다. 클래스 이름은 [나 자신]으로 변경합니다.

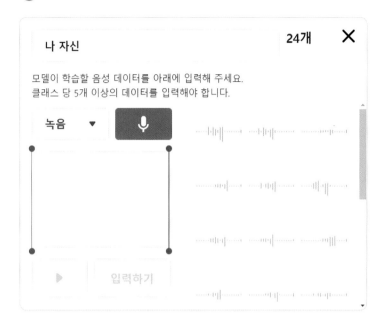

1 학습자는 [녹음] 또는 [업로드]의 방법으로 데이터를 입력할 수 있습니다.

2 [녹음]을 선택하고 '뚜루뚜루, 나야!' 음성 데이터를 입력합니다. 마이크 버튼을 누르는 것으로 음성을 저장합니다.

3 다양한 스타일로 녹음하여 엔트리에 최대한 많은 데이터를 넣을 수 있도록 합니다.

TIP

1 엔트리에서 제공하는 음성 모델학습은 음성의 파형에 따라 분류된 결과를 보여주고 있습니다. 따라서 한 클래스에는 동일한 단어를 업로드해야 하며 최대한 동일한 파형이 유지되도록 해주시길 바랍니다.

2 기존에 녹음한 파일이 있을 경우 업로드를 선택하셔도 됩니다.

6 같은 방법으로 [타인]에 해당하는 음성을 입력합니다.

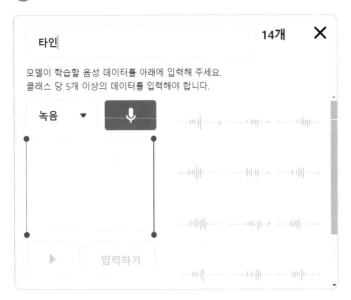

7 입력한 데이터를 이해하도록 [학습]의 [모델 학습하기]를 선택합니다.

처음 시작하는 AI 코딩

8 학습이 완료되면 결과가 제대로 나오는지 확인합니다.

결과

학습한 모델의 결과를 확인해 보세요.

녹음 ▼

나 자신

99.99%

타인

0%

1 '뚜루뚜루, 나야!' 음성을 인식시켜 원하는 결과가 잘 나오는지 확인합니다.

2 만약 결과가 제대로 나오지 않는다면 음성 데이터를 더 입력합니다.

3 문제가 없으면 [적용하기] 버튼을 누릅니다.

9 [시작하기 버튼을 클릭했을 때] 아래에 다음과 같이 코드를 입력합니다.

1 [인공지능]의 [엔트리 읽어주고 기다리기] 블록을 추가합니다.

2 '엔트리' 부분을 '"뚜루뚜루, 나야!'를 말해보세요.'로 변경합니다.

3 [인공지능]의 [학습한 모델로 분류하기] 블록을 연결합니다.

10 뚜루뚜루가 내 목소리를 구별하도록 코드를 작성합니다.

1 [흐름]의 [만일 참이라면] 블록을 추가합니다.

2 [인공지능]의 [분류 결과가 나 자신인가?] 블록을 '참' 부분에 추가합니다.

3 [인공지능]의 [엔트리 읽어주고 기다리기] 블록을 [만일 참이라면] 블록의 빈 부분에 붙입니다.

4 '엔트리' 부분을 '등록된 사용자입니다. 감시를 해제합니다.'로 변경합니다.

5 [하드웨어] 메뉴의 [로봇을 앞으로 1초 이동] 블록을 연결합니다.

6 '앞으로' 부분을 '뒤로'로 변경합니다.

처음 시작하는 AI 코딩

⑪ 머리 LED를 바꾸는 블록을 추가합니다.

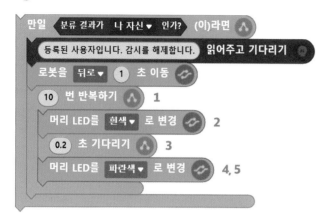

1 [흐름]의 [10번 반복하기] 블록을 추가합니다.

2 [하드웨어]의 [머리 LED를 흰색으로 변경] 블록을 [10번 반복하기] 블록의 빈 부분에 붙입니다.

3 [흐름]의 [2초 기다리기] 블록을 연결하고, '2'를 '0.2'로 변경합니다.

4 [하드웨어]의 [머리 LED를 흰색으로 변경] 블록을 연결합니다.

5 '흰색' 부분을 '파란색'으로 변경합니다.

⑫ 다음으로 뚜루뚜루가 타인의 목소리를 구별하도록 코드를 작성합니다.

1 [흐름]의 [만일 참이라면] 블록을 추가합니다.

2 [인공지능]의 [분류 결과가 나 자신인가?] 블록을 '참' 부분에 추가하고, '나 자신'을 '타인'으로 변경합니다.

3 [인공지능]의 [엔트리 읽어주고 기다리기] 블록을 [만일 참이라면] 블록의 빈 부분에 붙입니다.

4 '엔트리' 부분을 '지정되지 않은 사용자입니다.'로 변경합니다.

5 [하드웨어]의 [로봇을 오른쪽으로 계속 회전] 블록을 연결합니다.

⑬ 상단 메뉴의 [소리] - [소리 추가하기]를 선택합니다.

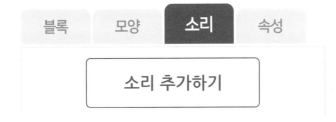

처음 시작하는 AI 코딩

⑭ [사람] - [호루라기]를 추가합니다.

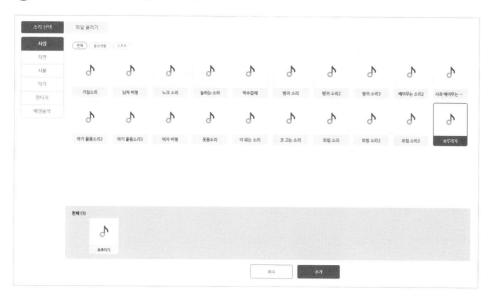

⑮ 작성한 코드에 알람 기능을 추가합니다.

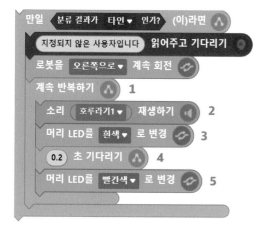

1 [흐름]의 [계속 반복하기] 블록을 추가합니다.

2 [소리]의 [호루라기1 재생하기] 블록을 [계속 반복하기] 블록의 빈 부분에 붙입니다.

3 [하드웨어]의 [머리 LED를 흰색으로 변경] 블록을 연결합니다.

4 [흐름]의 [2초 기다리기] 블록을 연결하고, '2'를 '0.2'로 변경합니다.

5 [하드웨어]의 [머리 LED를 흰색으로 변경] 블록을 연결하고, '흰색' 부분을 '빨간색'으로 변경합니다.

16 기존에 작성한 블록의 아래에 방금 작성한 코드를 연결합니다.

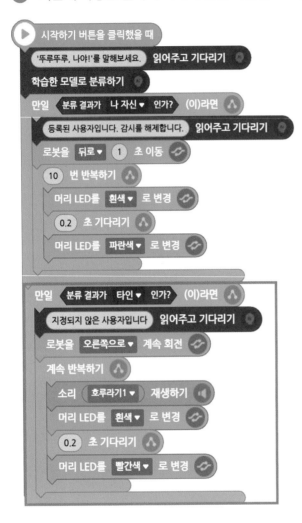

처음 시작하는 AI 코딩

17 로봇의 움직임을 멈추도록 하는 코드를 입력합니다.

1 [시작]의 [q키를 눌렀을 때] 블록을 추가합니다.

2 'q' 부분을 '스페이스'로 변경합니다.

3 [하드웨어]의 [DC모터 왼쪽 속도 0으로 설정] 블록을 연결합니다.

4 '왼쪽' 부분을 'All'로 변경합니다.

5 [흐름]의 [모든 코드 멈추기] 블록을 연결합니다.

18 실행하기 버튼을 눌러 AI 프로그램이 잘 제작되었는지 확인합니다. 내 목소리를 녹음해봅니다.

1 마이크 버튼을 눌러서 '뚜루뚜루, 나야!' 목소리를 입력합니다.

2 내 목소리의 경우와 아닐 경우에 로봇이 어떻게 다르게 움직이는지 관찰합니다.

뚜루뚜루, 체크리스트!

▶ 음성 인식율을 높이기 위해 또렷한 목소리로 조용한 곳에서 녹음을 진행하시면 좋습니다.

▶ 인공지능 모델 학습을 통해 2개 이상의 음성 분류에 반응하는 뚜루뚜루를 만들 수도 있습니다.

▶ 음성 대신 동요 등의 음악을 활용해서 학습 모델을 분류해보세요.

뚜루뚜루 홈페이지
www.truetruebot.com 에서 블록 샘플을 확인할 수 있습니다.

인공지능이 글을 써준다고?

우리 주변엔 사람의 말을 알아듣는 인공지능 비서가 많습니다.
구글의 안드로이드, 애플의 시리 등이 대표적입니다. 이들은 시간과 날씨를 알려주고,
인터넷의 정보를 찾아주며, 불편한 일을 대신 처리해 줍니다.

그런데 이 기능을 활용해서 받아쓰기를 할 수 있다
는 사실을 아는 사람은 적습니다. 이 기능은 인공지능
이 인식한 음성을 문자로 바꾸는 과정을 통해 가능합
니다. 이 과정은 마치 중세 시대의 작가와 필경사와의
관계를 연상시킵니다. 중세 시대에는 보통 작가가 글
의 소재를 제공하고, 필경사가 그 내용을 받아 적으며
완성하는 방식으로 책이 나왔습니다.

그런데 오늘날에도 이런 상황이 만들어질 수 있습니다. 달라진 건 받아쓰는 사람입니다. 예전에
는 필경사였지만 이제는 구글과 시리입니다. 인공지능이 필경사의 역할을 대체하는 것이죠. 심지
어 이 기능은 우리가 매일 가지고 다니는 작은 핸드폰으로도 가능합니다. 마이크 버튼을 눌러서
원하는 표현을 말하면 자동으로 문자가 입력됩니다. 물론 100% 정확하진 않지만 손으로 글을 쓰
는 것보다 매우 편해졌습니다.

여러분도 그 기술을 지금 체험하고 있습니다. 왜냐고요? 지금 보는 이 글이 구글의 받아쓰기 기
능으로 쓰였기 때문입니다. 신기하지 않나요? 이 글은 키보드를 전혀 쓰지 않은 상태에서 작성되
었습니다. 그런데도 어색한 점을 발견할 수 없었을 겁니다. 그만큼 기술이 발전했다는 사실을 알
수 있습니다.

 우리가 음성인식 기술로 할 수 있는 또 다른 것에는 무엇이 있을까요?

12

전 세계 관광지를 여행해요

텍스트 머신러닝으로 뚜루뚜루와 함께 전 세계 관광지를 여행해요.

뚜루뚜루와 함께 세계의 관광지를 여행해봐요.

어디를 여행해야 할지 모르겠다면 인공지능에게 맡겨주세요.

관심사를 입력하면 인공지능이 멋진 장소를 추천해줄거에요.

그럼 같이 살펴보도록 할게요.

- **난이도** ★★★
- **준비물** PC(또는 노트북), 뚜루뚜루, USB 동글, 활동지(177p)

- **학습내용** 머신러닝의 텍스트 데이터로 세계 관광지를 탐방하는 뚜루뚜루 만들기

주요 활용 블록	기능
분류 결과가 프랑스 / 에펠탑 ▼ 인가?	입력한 데이터의 인식 결과가 선택한 클래스인 경우 '참'으로 판단합니다.
바닥컬러센서 빨간색 ▼ 의 값	뚜루뚜루 밑면의 컬러센서 값을 읽습니다. 빨강, 파랑, 초록, 컬러키 4개 종류가 있습니다.

뚜루뚜루 활용 파트	기능
컬러센서 1개	바닥의 색상을 감지하여 로봇의 기능을 제어하는 역할을 합니다.

🔍 프로젝트 미리보기

인공지능	문제해결	결과확인
텍스트 머신러닝 시스템 설계	반응 조건 설정	
텍스트 데이터 입력	추천 관광지에 따른 활동 명령어 세팅	관광지 탐방

{ AI 프로그램, 이렇게 만들어요 }

① [인공지능]의 [인공지능 블록 불러오기]를 선택한 후 [읽어주기]를 추가합니다.

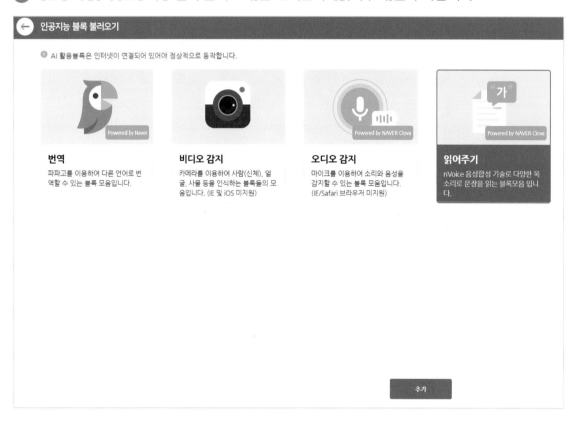

2 [인공지능]의 [인공지능 모델 학습하기]를 클릭합니다.

3 [새로 만들기] - [분류: 텍스트]를 선택 후 [학습하기]를 클릭합니다.

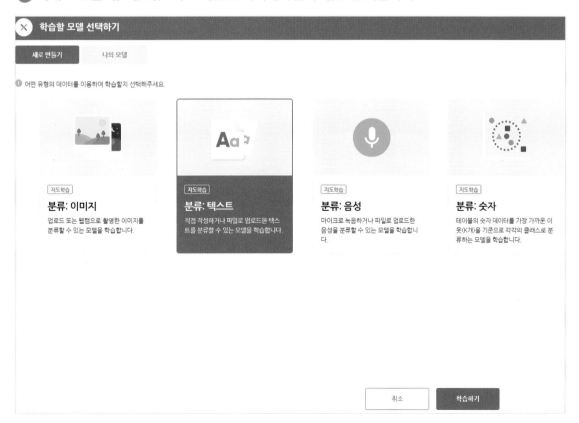

❹ 머신 러닝을 시작할 수 있도록 각 부분을 입력합니다.

1 [새로운 모델] 위치에 학습 모델의 제목을 입력합니다.

2 [클래스 추가하기]를 선택하여 클래스의 수를 3개로 늘립니다.

3 학습 방법을 잘 모를 경우 우측 상단의 튜토리얼 보기를 클릭하여 절차를 공부합니다.

처음 시작하는 AI 코딩

⑤ 첫번째 클래스를 클릭하고 데이터를 입력합니다. 클래스 이름은 [프랑스/에펠탑]으로 변경합니다.

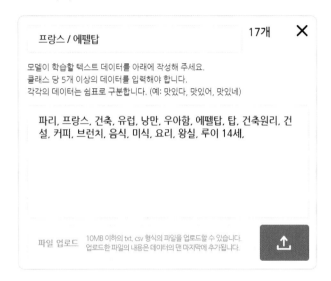

프랑스 / 에펠탑   17개   ✕

모델이 학습할 텍스트 데이터를 아래에 작성해 주세요.
클래스 당 5개 이상의 데이터를 입력해야 합니다.
각각의 데이터는 쉼표로 구분합니다. (예: 맛있다, 맛있어, 맛있네)

파리, 프랑스, 건축, 유럽, 낭만, 우아함, 에펠탑, 탑, 건축원리, 건설, 커피, 브런치, 음식, 미식, 요리, 왕실, 루이 14세,

파일 업로드   10MB 이하의 txt, csv 형식의 파일을 업로드할 수 있습니다.
           업로드한 파일의 내용은 데이터의 맨 마지막에 추가됩니다.   ⬆

1 학습자는 [직접 입력] 또는 [업로드]의 방법으로 데이터를 입력할 수 있습니다.

2 텍스트 부분을 선택하고 키워드를 입력합니다.

TIP   ● ●

파일 업로드로 데이터를 추가할 수 있습니다. txt, csv 등의 파일 형식을 지원합니다.

6 같은 방법으로 [이집트/피라미드]와 [중국/만리장성]에 해당하는 텍스트를 추가합니다.

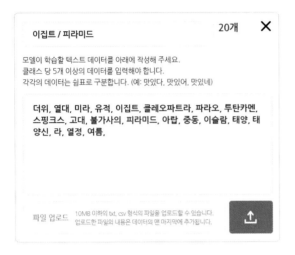

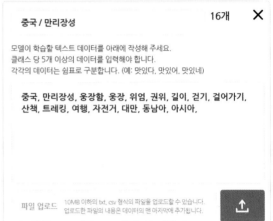

7 [학습]의 [모델 학습하기]를 클릭합니다.

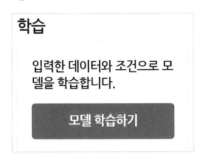

처음 시작하는 AI 코딩

8 학습이 완료되면 결과가 제대로 나오는지 확인합니다.

결과

학습한 모델의 결과를 확인해 보세요.

낭만

입력하기

입력된 텍스트 : 낭만

프랑스 / 에펠탑
48.28%

이집트 / 피라미드
28.01%

중국 / 만리장성
23.7%

1 원하는 결과가 잘 나오는지 확인합니다.

2 만약 결과가 제대로 나오지 않는다면 텍스트 데이터를 더 입력합니다.

3 문제가 없으면 [적용하기] 버튼을 누릅니다.

9 뚜루뚜루를 움직일 수 있는 코드를 다음과 같이 작성합니다.

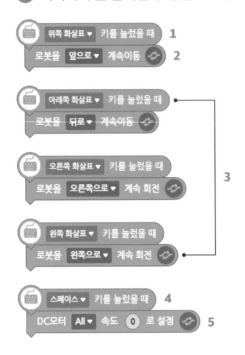

1 [시작]의 [q 키를 눌렀을 때] 블록을 추가하고, 'q'를 '위쪽 화살표'로 변경합니다.

2 [하드웨어]의 [로봇을 앞으로 계속 이동] 블록을 연결합니다.

3 같은 방식으로 뒤로 계속이동, 오른쪽으로 계속회전, 왼쪽으로 계속회전 블록을 추가합니다.

4 [시작]의 [q 키를 눌렀을 때] 블록을 추가하고, 'q'를 '스페이스'로 변경합니다.

5 [하드웨어]의 [DC모터 왼쪽 속도 0로 설정] 블록을 추가하고, '왼쪽'을 'All'로 변경합니다.

⑩ [시작하기 버튼을 클릭했을 때] 아래에 다음과 같이 코드를 작성합니다.

> 시작하기 버튼을 클릭했을 때
>
> 지금부터 뚜루뚜루와 세계 관광지를 탐험하겠습니다. 읽어주고 기다리기　1, 2
>
> 가고 싶은 국가와 연관이 있는 단어를 적어주세요. 읽어주기　3, 4
>
> 학습한 모델로 분류하기　5

1 [인공지능]의 [엔트리 읽어주고 기다리기]를 연결합니다.

2 '엔트리' 부분을 '지금부터 뚜루뚜루와 세계 관광지를 탐험하겠습니다.'로 변경합니다.

3 [인공지능]의 [엔트리 읽어주기]를 연결합니다.

4 '엔트리' 부분을 '가고 싶은 국가와 연관이 있는 단어를 적어주세요.'로 변경합니다.

5 [인공지능]의 [학습한 모델로 분류하기]를 연결합니다.

⑪ 분류 결과가 '프랑스/에펠탑'일 때 뚜루뚜루가 움직일 수 있도록 블록을 작성합니다.

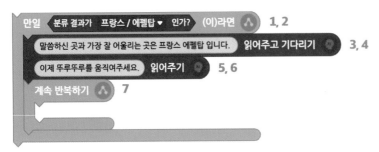

1 [흐름]의 [만일 참이라면] 블록을 불러옵니다.

2 [인공지능]의 [분류결과가 프랑스 / 에펠탑인가]를 '참' 부분에 연결합니다.

3 [인공지능]의 [엔트리 읽어주고 기다리기]를 [만일 참이라면] 블록의 빈 부분에 붙입니다.

4 '엔트리' 부분을 '말씀하신 곳과 가장 잘 어울리는 곳은 프랑스 에펠탑입니다.'로 변경합니다.

5 [인공지능]의 [엔트리 읽어주기]를 연결합니다.

6 '엔트리' 부분을 '이제 뚜루뚜루를 움직여주세요.'로 변경합니다.

7 [흐름]의 [계속 반복하기] 블록을 아래에 연결합니다.

12 상단 메뉴의 [소리] – [소리 추가하기]를 선택합니다.

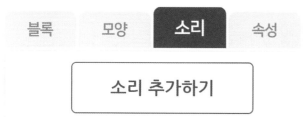

13 [사람] – [박수갈채]를 추가합니다.

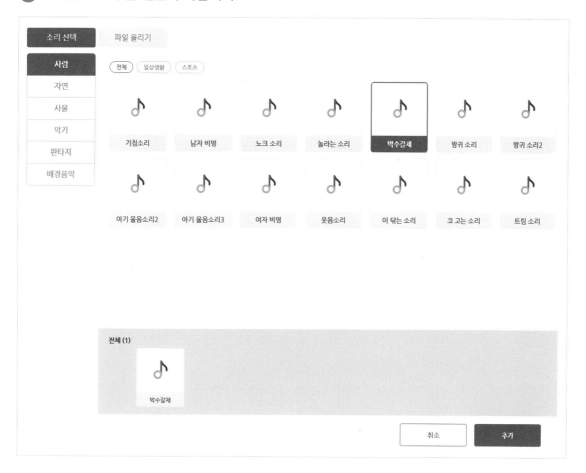

14 소리를 추가한 후 뚜루뚜루 반응 블록을 완성합니다.

1 [흐름]의 [만일 참이라면] 블록을 추가합니다.

2 [판단]의 [10=10] 블록을 '참' 부분에 연결합니다.

3 [하드웨어]의 [바닥컬러센서 빨간색의 값] 블록을 [10=10]의 앞의 '10' 부분에 연결하고, '빨간색'을 '컬러 키'로 변경합니다.

4 나머지 '10'을 '1'로 바꿉니다.

5 [소리]의 [소리 박수갈채 재생하기]를 [만일 참이라면] 블록의 빈 부분에 붙입니다.

6 [하드웨어]의 [로봇을 오른쪽으로 계속 회전] 블록을 연결합니다.

7 [흐름]의 [10번 반복하기] 블록을 연결합니다.

8 [하드웨어]의 [컬러 LED Red 0 Green 0 Blue 0] 블록을 [10번 반복하기] 블록의 빈 부분에 붙입니다.

9 [계산]의 [0부터 10 사이의 무작위수]를 [컬러 LED Red 0 Green 0 Blue 0] 블록 중 앞의 '0' 부분에 붙입니다.

10 '10'을 '255'로 변경하고 이 블록을 2개 더 복사합니다. 복사는 마우스 우클릭 - [코드복사 & 붙여넣기]로 합니다.

11 복사한 2개의 블록을 2개의 '0' 부분에 모두 연결합니다.

12 [흐름]의 [2초 기다리기] 블록을 연결하고 '2'를 '0.5'로 변경합니다.

13 [하드웨어]의 [DC모터 왼쪽 속도 0으로 설정] 블록을 [10번 반복하기] 블록 아래에 연결합니다.

14 '왼쪽' 부분을 'All'로 변경합니다.

처음 시작하는 AI 코딩

TIP

1 뚜루뚜루는 컬러센서를 활용해 바닥에 있는 색깔을 숫자로 인식할 수 있습니다.

2 [컬러LED Red 0 Green 0 Blue 0으로 설정] 블록의 숫자는 0~255의 범위로 지정할 수 있습니다. 3가지 색상의 수치에 따라 로봇의 LED가 변합니다.

색상	컬러키	RGB 숫자
흰색	0	R:255 / G:255 / B:255
빨강	1	R:255 / G:0 / B:0
초록	2	R:0 / G:255 / B:0
파랑	3	R:0 / G:0 / B:255
하늘	4	R:0 / G:255 / B:255
자주	5	R:255 / G:0 / B:255
노랑	6	R:255 / G:255 / B:0
검정	7	R:0 / G:0 / B:0

⑮ 분류 결과가 '중국/만리장성'일 때 로봇이 움직일 수 있도록 복사한 블록을 변경합니다.

1 위 14번 블록 전체를 마우스 우클릭 - [코드복사 & 붙여넣기] 합니다.

2 '프랑스/에펠탑' 부분을 '중국/만리장성'으로 변경합니다.

3 '말씀하신 곳과 가장 잘 어울리는 곳은 프랑스 에펠탑 입니다.'의 '프랑스 에펠탑' 부분을 '중국 만리장성'으로 변경합니다.

4 [바닥센서 컬러키의 값 = 1]의 숫자 '1'을 '2'로 변경합니다.

16 분류 결과가 '이집트/피라미드'일 때 로봇이 움직일 수 있도록 복사한 블록을 변경합니다.

1 위 14번 블록 전체를 마우스 우클릭 - [코드복사 & 붙여넣기] 합니다.

2 '프랑스/에펠탑' 부분을 선택하고 '이집트/피라미드'으로 변경합니다.

3 '말씀하신 곳과 가장 잘 어울리는 곳은 프랑스 에펠탑 입니다.'의 '프랑스 에펠탑' 부분을 '이집트 피라미드'로 변경합니다.

4 [바닥센서 컬러키의 값 = 1]의 숫자 '1'을 '6'으로 변경합니다.

⑰ 만든 블록을 연결하여 최종 완성된 코드는 다음과 같습니다.

시작하기 버튼을 클릭했을 때

지금부터 뚜루뚜루와 세계 관광지를 탐험하겠습니다. 읽어주고 기다리기

가고 싶은 국가와 연관이 있는 단어를 적어주세요. 읽어주기

학습한 모델로 분류하기

만일 분류 결과가 프랑스 / 에펠탑 ▼ 인가? (이)라면

　말씀하신 곳과 가장 잘 어울리는 곳은 프랑스 에펠탑 입니다. 읽어주고 기다리기

　이제 뚜루뚜루를 움직여주세요. 읽어주기

　계속 반복하기

　　만일 바닥컬러센서 컬러키 ▼ 의 값 = 1 (이)라면

　　　소리 박수갈채 ▼ 재생하기

　　　로봇을 오른쪽으로 ▼ 계속 회전

　　　10 번 반복하기

　　　　컬러LED Red 0 부터 255 사이의 무작위 수 Green 0 부터 255 사이의 무작위 수 Blue 0 부터 255 사이의 무작위 수 로 설정

　　　　0.5 초 기다리기

　　　DC모터 All ▼ 속도 0 로 설정

만일 분류 결과가 중국 / 만리장성 ▼ 인가? (이)라면

　말씀하신 곳과 가장 잘 어울리는 곳은 중국 만리장성 입니다. 읽어주고 기다리기

　이제 뚜루뚜루를 움직여주세요. 읽어주기

　계속 반복하기

　　만일 바닥컬러센서 컬러키 ▼ 의 값 = 2 (이)라면

　　　소리 박수갈채 ▼ 재생하기

　　　로봇을 오른쪽으로 ▼ 계속 회전

　　　10 번 반복하기

　　　　컬러LED Red 0 부터 255 사이의 무작위 수 Green 0 부터 255 사이의 무작위 수 Blue 0 부터 255 사이의 무작위 수 로 설정

　　　　0.5 초 기다리기

　　　DC모터 All ▼ 속도 0 로 설정

만일 분류 결과가 이집트 / 피라미드 ▼ 인가? (이)라면

　말씀하신 곳과 가장 잘 어울리는 곳은 이집트 피라미드 입니다. 읽어주고 기다리기

　이제 뚜루뚜루를 움직여주세요. 읽어주기

　계속 반복하기

　　만일 바닥컬러센서 컬러키 ▼ 의 값 = 6 (이)라면

　　　소리 박수갈채 ▼ 재생하기

　　　로봇을 오른쪽으로 ▼ 계속 회전

　　　10 번 반복하기

　　　　컬러LED Red 0 부터 255 사이의 무작위 수 Green 0 부터 255 사이의 무작위 수 Blue 0 부터 255 사이의 무작위 수 로 설정

　　　　0.5 초 기다리기

　　　DC모터 All ▼ 속도 0 로 설정

18 실행하기 버튼을 눌러 AI 프로그램이 잘 제작되었는지 확인합니다.

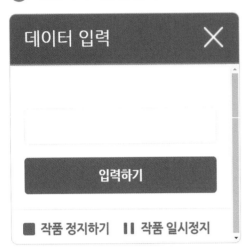

1 안내멘트를 듣고 내가 가고싶은 관광지와 연관이 있는 단어를 입력합니다.

2 각 관광지 색상을 뚜루뚜루가 잘 인식하는지 확인합니다.

뚜루뚜루, 체크리스트!

▶ 내가 가고싶은 국가의 관광지로 활동지를 만들어서 더욱 재미있게 해봐요.

▶ 관광지에 도착했을 때 뚜루뚜루가 하는 행동을 각각 다르게 만드는 것도 가능합니다.

▶ 관광지의 역사나 관련 정보를 찾아보며 심화 학습을 해보세요.

뚜루뚜루 홈페이지
www.truetruebot.com 에서 블록 샘플을 확인할 수 있습니다.

처음 시작하는 AI 코딩

코로나19 대비 비대면 서비스 강화

코로나19는 우리 생활 여러 방면에서 비대면 서비스 확대에 영향을 미쳤습니다.
관광분야에서도 역시 비대면 서비스가 늘어나고 있는 상황입니다.

코로나19가 끝나도 사람들은 여행을 가고 싶어 할 것입니다. 다만, 코로나19 전과 비교를 했을 때, 서비스 제공 방식에 비대면이 늘어날 것이라는 차이점이 있습니다.

국내에서도 이와 같은 움직임이 활발히 일어나고 있습니다. 2020년 8월 한국방문위원회와 문화체육관광부는 인공지능 기반의 최첨단 정보통신기술을 접목한 비대면 관광안내시스템 '스마트 헬프 데스크'(Smart Help Desk)를 전국으로 확대 운영한다고 밝혔습니다. 이미 전국의 국제공항과 주요 공항철도 역사, 주요 관광지 등 관광객들이 많이 지나가는 곳에 기기 30대를 설치했으며, 앞으로도 확충 예정입니다.

'스마트 헬프 데스크'는 인공지능을 기반으로 다국어로 음성을 인식하여 번역 서비스를 제공하며, 관광객 개인의 선호도를 분석하여 맞춤형 여행 코스 추천을 합니다. 비대면으로 제공할 수 있는 서비스 콘텐츠는 꾸준히 늘어나고 있습니다. 이 같은 비대면 서비스는 24시간 자유롭게 이용할 수 있어 편리합니다.

 4차 산업 혁명으로 서비스 운영의 효율성을 높이려 시작한 비대면 서비스가 코로나19로 인해 가속도가 붙어 빠르게 발전하고 있습니다. 코로나19로 비대면 서비스 역할이 중요해졌기 때문인데요. 코로나19 종료 후 우리가 전 세계로 여행을 다닐 때 얼마나 다양한 비대면 서비스를 경험할 수 있을지 궁금합니다.

맺음말

지금까지 뚜루뚜루와 엔트리를 활용해서 총 12차시의 인공지능 콘텐츠를 학습하셨습니다. 간단한 음성인식부터 시작하여 데이터 머신러닝에 이르기까지 다양한 과정을 보고 배우셨으리라 생각됩니다. 잘 따라와 주셔서 진심으로 감사의 인사를 드립니다.

콘텐츠를 만들며 코딩 교육 분야에 처음 발을 붙일 때를 떠올렸습니다. 여러 자료를 검토하며 이상적인 교육 시스템을 구축하려 노력했습니다. 그 결과로 지금은 우수한 콘텐츠가 많아졌고 학생들이 더 좋은 환경에서 공부할 수 있게 되었습니다.

현재 AI 교육 역시 소프트웨어 교육이 논의되던 초기와 비슷한 상황에 처해있는 것 같습니다. 국내외에서 다양한 방식으로 교육 방법과 절차 등이 논의되고 있습니다. 온라인 세미나, 정책토론 등을 통해 올바른 교육을 만들고자 노력하는 과정은 큰 의미가 있다고 생각합니다.

이 콘텐츠도 이와 같은 역할을 할 수 있게 되길 소망합니다. 비록 인공지능의 일부만을 다룬 작은 범위의 콘텐츠이지만 학생들이 인공지능의 원리를 이해하는데 보탬이 된다면 저자로서 더할 나위 없이 기쁠 것 같습니다.

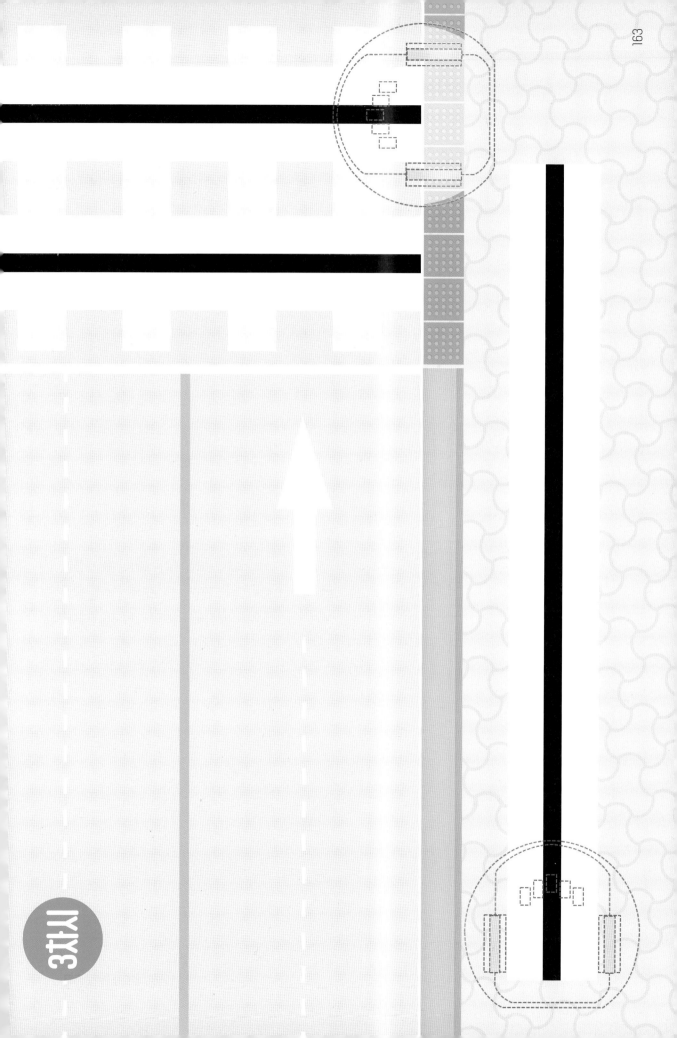

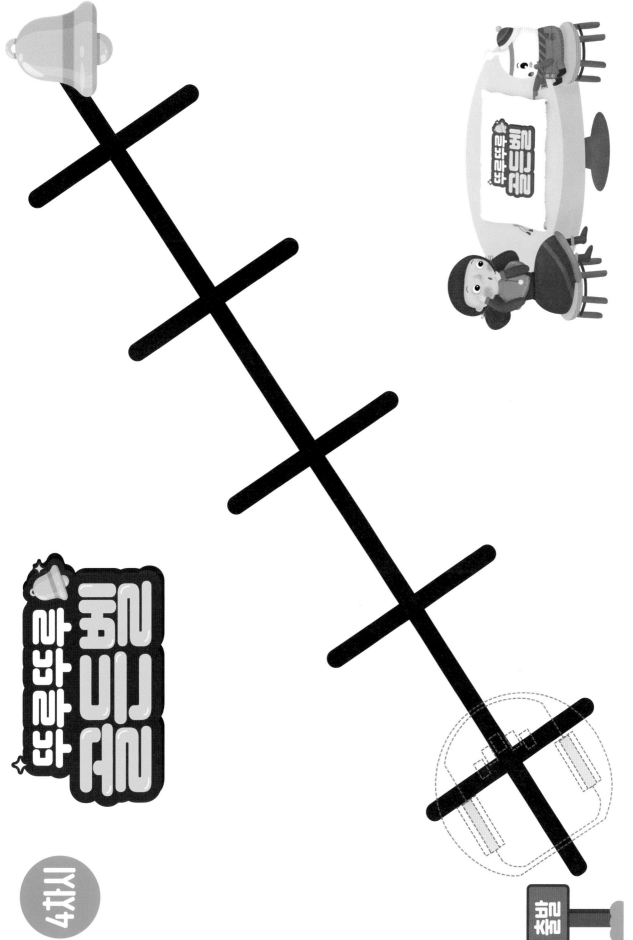

얼룩말

코끼리

곰

6차시

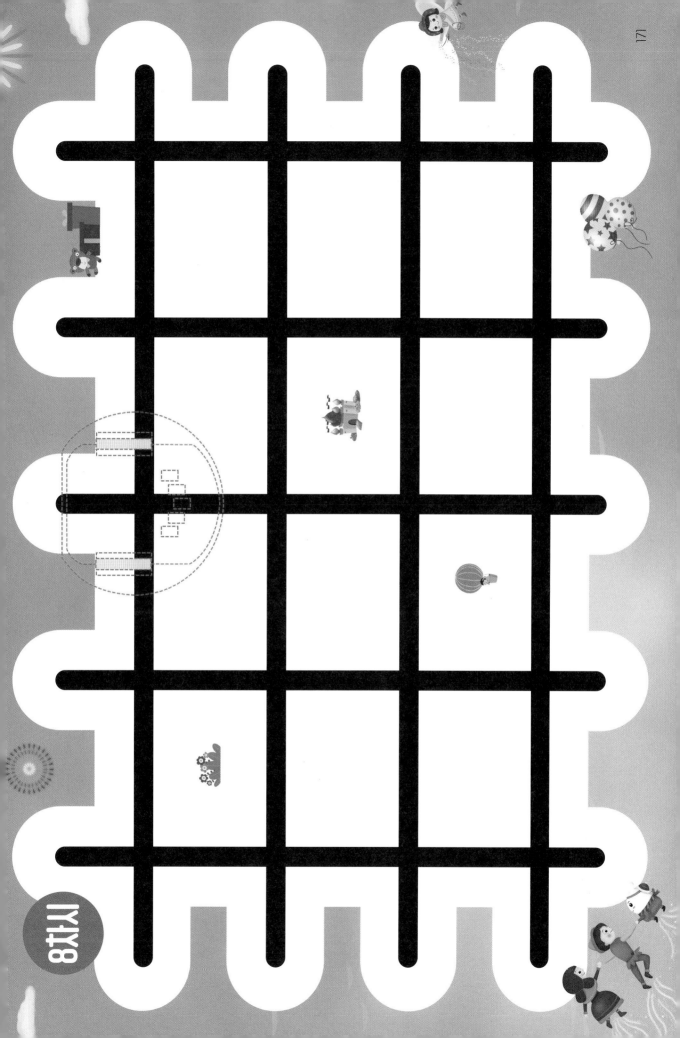

9차시

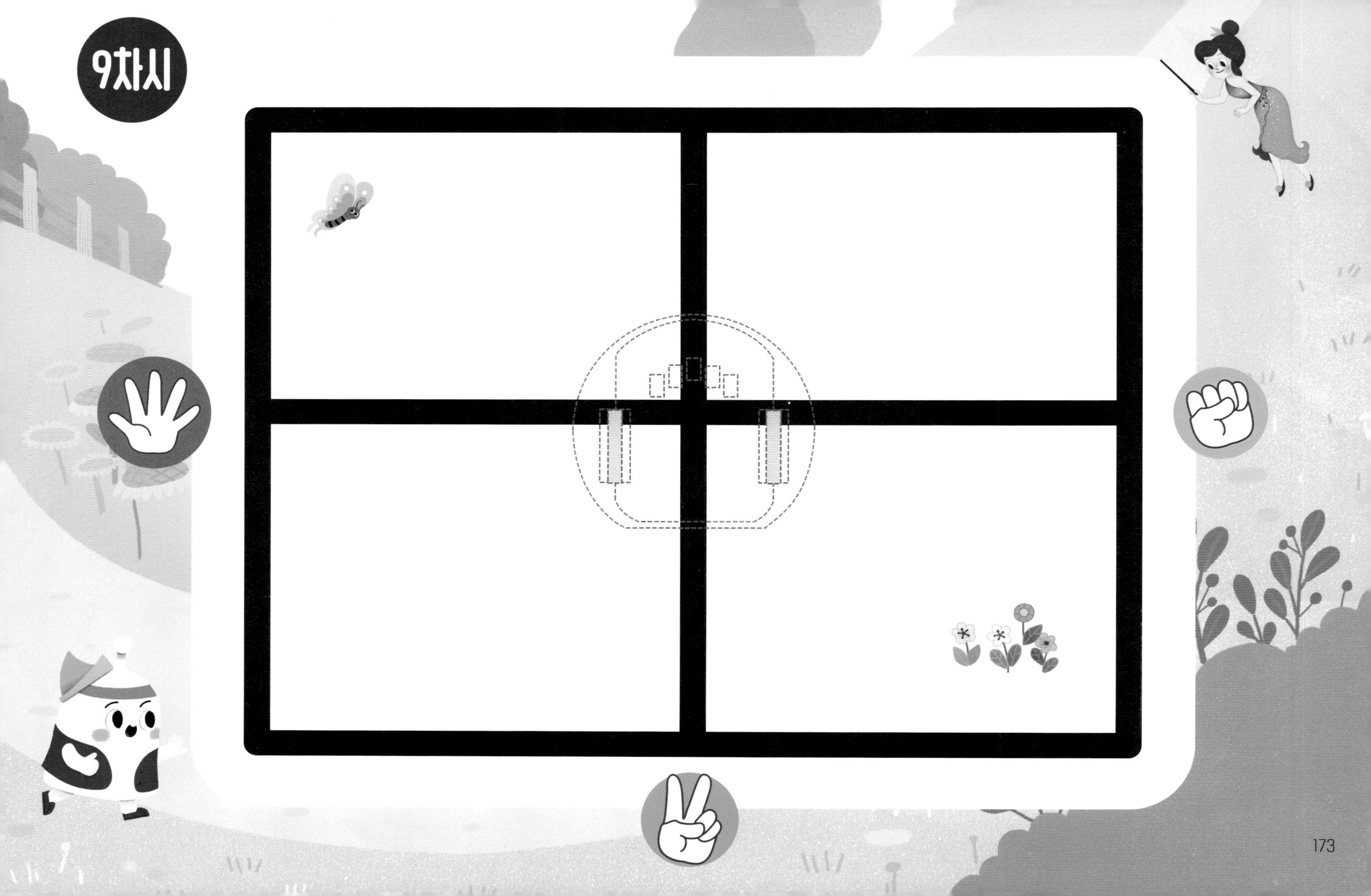

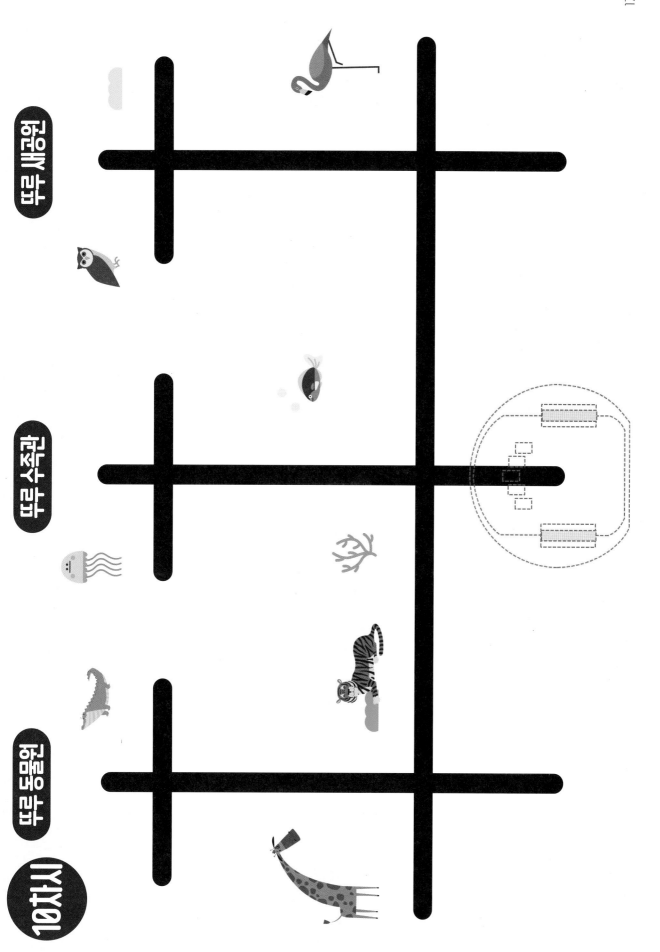

12차시

영국

이집트

프랑스

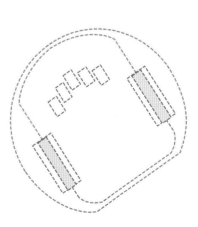

처음 시작하는
AI 코딩

초판 1쇄 발행 2021년 8월
초판 2쇄 발행 2022년 6월

지은이 정의석·이정민
펴낸이 박기석
기획·편집 정의석·이정민
디자인 올컨텐츠그룹

펴낸곳 ㈜아이스크림미디어
출판등록 2013년 12월 11일
신고번호 제2013 – 000115호
주소 경기도 성남시 분당구 판교역로 225-20 시공빌딩
전화 1544-7268
홈페이지 www.truetruebot.com

ISBN 979-11-5929-076-3 93000